中高级适用

李朝辉 刘进 编著

跨文化汉语交际教程 I

CHINESE CROSS-CULTURAL COMMUNICATION COURSE

图书在版编目(CIP)数据

跨文化汉语交际教程 Ⅰ/李朝辉,刘进编著. —北京:北京大学出版社,2014.1
ISBN 978-7-301-23453-2

Ⅰ.跨… Ⅱ.①李…②刘… Ⅲ.①汉语—对外汉语教学—教材 Ⅳ.①H195.4

中国版本图书馆CIP数据核字(2013)第269104号

书　　　　名:	跨文化汉语交际教程 Ⅰ
著作责任者:	李朝辉　刘　进　编著
责任编辑:	李　凌
标准书号:	ISBN 978-7-301-23453-2/H·3429
出版发行:	北京大学出版社　　新浪官方微博:@北京大学出版社
地　　　　址:	北京市海淀区成府路205号　100871
网　　　　址:	http://www.pup.cn
电子信箱:	zpup@pup.pku.edu.cn
电　　　　话:	邮购部 62752015　发行部 62750672　编辑部 62753374　出版部 62754962
印　刷　者:	北京大学印刷厂
经　销　者:	新华书店
	787毫米×1092毫米　16开本　13印张　187千字
	2014年1月第1版　2014年1月第1次印刷
定　　　　价:	48.00元

未经许可,不得以任何方式复制或抄袭本书之部分或全部内容。
版权所有,侵权必究
举报电话:010-62752024　　电子信箱:fd@pup.pku.edu.cn

编写说明

本书是为母语非汉语的汉语学习者编写的一部中高级口语教材，适用于已掌握1500个左右词语的学习者。教材结合了"内容教学法"（CBI，即Content-Based Instruction）的理念，将文化内容自然地融入到语言系统中，同时兼容结构、功能教学原则之长，并突出了"文化对比—文化自省—文化理解"的跨文化交际能力之形成过程。

本教材以话题为纲安排教学内容，话题内容根据外国人的交际需要，围绕中国文化国情、中外生活习俗及跨文化交际中的误读现象递进展开，使学习者在提高汉语能力的同时，自然地习得文化，增进对中外文化及自身文化的理解，并且，话题中突出一定的功能和结构，体现出综合性。

教材由十六课组成，每课包括热身话题、课文、实用词语、跨文化对话、功能与表达、语言点例解、练习、实例分析几部分。热身话题的作用是导入本课的中心话题，同时引发学习者的思考，为进入课文的学习做好前期铺垫。课文中心话题均取材于留学生的课堂互动及日常生活交际，话题丰富有趣、语言生动鲜活，能够促进课堂教学过程交际化，有利于开展交际活动，真正实践从汉语学习者的角度编排教学内容的理念。教学过程中，教师也可以根据中心话题拓展交际内容。书中实用词语的编排在兼顾词汇等级大纲的同时充分考虑了实用性原则。

跨文化对话为读者提供了学习和交流的平台，将中国文化放在一个更为广阔的国际化的背景中展现出来，具有丰富的文化含量。对话以留学生口吻叙述、讨论中国见闻，旁及各国相关文化。不同国别的学生围绕某一话题阐述观点，自然而然地展开跨文化的交流，从中我们可以领略不同文化背景的人对同一问题的看法。同时，跨文化对话能够提高学习者的跨文化交际意识，帮助他们减少文化误读，从而能够得体地运用汉语进行交际。

为加强学生口语交际技能和成段表达能力，本书每课课文和跨文化对话均侧重训练一种功能表达，并在文后对功能进行扩展。除课文和对话中出现的功能表达之外，又补充了同一功能的相关表达，以满足不同学习者的需求。同时为使学生更好地理解功能，也提供了相应的表达例句。由于本书侧重口语技能的训练和提升，对于每课课文和跨文化对话中语言点的处理，在解释说明时力求简洁明了，并在练习中进一步巩固应用。

　　书中的练习设计遵循理解、模仿、记忆、熟巧、应用的语言习得过程，既有理解性、模仿性练习，也有交际性练习。特别是"实战演练"部分能够较好地引导学生运用所学知识在真实语境中进行实践操练。教学中教师可以根据教学内容适当鼓励学生积极进行一些语言实践活动。此外，实例分析是学习的延伸，既有实用的交际和文化知识的介绍、提炼，又为学习者提供了思考的空间，通过典型的文化交际情境，帮助他们加深对语言文化的理解。

　　最后我们要衷心感谢本书编辑李凌及其同事在出版过程中所给予的建议和帮助。感谢插画作者何剑为本书设计了精美插图。此外，对于书中的疏漏之处，欢迎大家指正。

编　者

人物表

姓名	国籍	性别
雷奥	德国	男
汉娜	德国	女
萨沙	俄罗斯	男
卡佳	俄罗斯	女
路易	法国	男
伊莎贝拉	法国	女
民秀	韩国	男
敏姬	韩国	女
文翰	加拿大（华裔）	男
麦克	美国	男
珍妮	美国	女
巴图	蒙古	男
其其格	蒙古	女
武男	日本	男
景子	日本	女
雄柴	泰国	男
秀丝	泰国	女
里卡多	意大利	男
古纳尔	印度	男
文强	印度尼西亚	男
丽琳	印度尼西亚	女
赵自强	中国	男

第 一 课	你有几个名字？ How Many Names Do You Use?	1
第 二 课	寒暄与客套 Greetings and Small Talks	13
第 三 课	购物的"中国特色" Shopping in China	24
第 四 课	网络时代 Era of Internet	36
第 五 课	七上八下 Is 8 a Lucky Number?	48
第 六 课	行万里路 Travel Around	60
第 七 课	望子成龙 Parental Expectations	73
第 八 课	欢度佳节 Let's Celebrate the Festival	85
第 九 课	旗袍与中山装 Traditional Chinese Clothing	98
第 十 课	AA制还是请客？ Who Will Pay the Bill?	110
第十一课	我眼里的中国人 The Chinese People I Know	122
第十二课	留学趣事 Studying Abroad Is Interesting	134
第十三课	学习汉语的苦与乐 The Happiness and Bittterness of Learning Chinese	145
第十四课	我爱中国菜 I Love Chinese Cuisine	156
第十五课	中国家庭 Chinese Families	168
第十六课	和外国人交朋友 Making Friends with Foreigners	180

功能索引 …………………………………… 192
语言点索引 ………………………………… 193
实用词语表 ………………………………… 195

第一课 Lesson 1

你有几个名字？
How Many Names Do You Use?

热身话题 Warm-up Questions

1. 你的中文名字是谁给你起的？有什么意义？
2. 你用过几个名字？分别是什么？

功能：引起注意

你看，……
你想，……

一个人一生中到底可以有多少个名字呢？

你看，有的人在出生前，父母、祖父母为了给他起名字，查《现代汉语词典》不够，还要翻《辞海》。但一个人一辈子不太可能只用身份证上这唯一的名字。

你想，比如一个人叫赵自强，父母会给他起一个小名。"赵自强"这样连名带姓地叫，是在学校里老师、同学对他的称呼，是大名；"自强"是相对亲近的称呼。而外号则多是朋友和熟人

起的,一个人总是粗心大意,做什么都不认真,别人会叫他"马大哈"。此外,现在的孩子很小就开始学英语,也常会起一个英文名字。

从事艺术工作的人一般会有一个"艺名",如"小香玉",是一位著名戏曲表演艺术家的艺名。而作家通常有一个甚至几个写作时用的名字,也就是"笔名",如著名作家"老舍",这个笔名比他的本名"舒舍予"名气更大。

最近人们又有了一种新的名字,那就是上网用的网名。一个人可以同时拥有很多网名,随时改变。网名充分体现了名字主人的喜好、性格等个性特征。

有一部科幻小说预言,在未来世界,人们将不再使用现在这样的名字,只用号码作代号,而名字将完全失去意义。如果那样,不要说文化内涵,名字连个性都体现不出来了。希望这种事不会真的发生。

实用词语
Useful Words and Expressions

1. 祖父母 zǔfùmǔ　　　　　　grandparents　父亲的父母
2. 身份证 shēnfènzhèng　　名　ID card　身份证明卡片
3. 唯一 wéiyī　　　　　　　形　only　只有一个
4. 马大哈 mǎdàhā　　　　　名　careless people　粗心的人
5. 从事 cóngshì　　　　　　动　be engaged in　做某种工作
6. 戏曲 xìqǔ　　　　　　　名　local drama　以唱为主要表演形式的方言戏剧
7. 充分 chōngfèn　　　　　形　sufficiently　足够(地),完全(地)
8. 特征 tèzhēng　　　　　　名　characteristic　特点
9. 科幻 kēhuàn　　　　　　名　science fiction　科学幻想

10. 预言 yùyán　　　　　动　　foretell, predict　事先说出（将来要发生的事情）

11. 代号 dàihào　　　　　名　　code name　　　　代替名称的字母或数字

12. 内涵 nèihán　　　　　名　　connotation　　　内部的深层的含义

功能与表达 Function and Expressions

功能一：引起注意

表达：

　　你看，……

　　你想，……

　　……请注意，……

　　喂，大家听清楚，……

例句：

1. 你看，今天又是阴天。
2. 你想，不认真复习怎么能取得好成绩？
3. 大家请注意，宿舍楼的大门晚上11:00关闭。
4. 喂，大家听清楚，我们一点钟准时在正门集合。

语言点例解 Language Points

◆ 连……带……

说明：表示状态、动作同时存在或进行。"连""带"后面多为单音节动词或名词。

例句：1. 看到好朋友，小明连跑带跳地迎过去。
　　　2. 外面下雨了吗？你怎么连头带脚全湿了？

◆ 而……则……

说明：多用于书面语或正式场合，表示对比。第二个小句的主语用在"而""则"中间。

例句：1. 英国是欧洲国家，而中国则是亚洲国家。

2. 我市的主要经济来源是旅游业，而邻市的经济则以工业为主。

◆ 不要说……，连……都……

说明："不要说A，连B都……"表示B有某种情况，A当然也是这样。

例句：1. 不要说新来的，这么大的项目连有经验的人也很难做好。

2. 不要说大人，连三岁的孩子都明白这个道理。

练 习
Exercises

一、词语扩展：将下列词语扩展成短语

Expand the following words into phrases.

	①	②	③
唯一			
充分			
从事			
特征			
预言			

二、用指定词语完成句子

Complete the following sentences with the words or structures given.

1. 那个小朋友见到妈妈来接他，＿＿＿＿＿＿＿＿＿＿＿＿＿＿＿＿＿。

（连……带……）

2. 昨天晚上我骑自行车回家时不小心＿＿＿＿＿＿＿＿＿＿＿＿＿。

（连……带……）

3. _____大学生应该明白这个道理,_____。

(不要说……,连……都……)

4. A: 这本英文小说你看得懂吗?

B: 当然了,_____。

(不要说……,连……都……)

5. 我国的农业并不发达,_____。

(而……则……)

6. 文学专业只收文科的学生,_____。

(而……则……)

三、根据课文内容完成对话

Make a dialogue according to the text, using the words given below.

参考词语:而……则……　　连……带……
　　　　　给……起的名字　　内涵　特征

A: 你知道现在的人最多可能有几个名字吗?

B: 让我算一算,……

A:

B:

A:

B:

……

四、讲述 Give an account of...

介绍你名字的来历。是谁给你起的?有什么意义或故事?

五、成段表达(尽量使用本课词语功能表达)

Discourse expression. (Try to use the function and expressions of this lesson.)

在你们国家,重名的现象多吗?你听说过关于重名的有趣的故事吗?

跨文化对话 Cross-cultural Dialogues

功能：介绍

让我们先互相认识一下
我自我介绍一下
我来给大家介绍一下吧

老师：大家好，这是开学的第一堂课，让我们先互相认识一下，介绍介绍自己的中文名字，还有名字的来历。就从我开始吧，我叫张文，张是弓长张，文是文章的文，是爷爷给我起的，希望我语文好，所以我做了汉语老师。

丽琳：我的名字是音译，叫吉丽琳。"吉"和我姓的发音差不多。老师说，"吉"在百家姓里虽然不是大姓，但意思很好。

麦克：大家好，我叫麦克。我给自己起了个中文名字，叫香蕉，因为我最喜欢吃香蕉。

老师：你真的要用这个名字吗？别人可能会觉得奇怪、好笑的。

麦克：好笑才有意思呀，反正也不是用在身份证、护照上的。

民秀：和香蕉同学的名字比起来，我的名字严肃得多。我的名字是爷爷起的，爷爷很传统，给我起的名字叫民秀，具民秀。

第一课　你有几个名字？

敏姬：我自我介绍一下，我叫金敏姬，是典型的韩国女孩儿的名字，我爸爸给起的。像张老师的"张"是中国的大姓一样，"金"是韩国的大姓，韩国大概有四分之一的人姓金。

路易：我跟老师同姓。大家别看我看起来不像中国人，可我的名字非常中国化，张子龙。我是中法混血儿，我外公给我起了这个名字，他说中国人都望子成龙。我的法文名字叫路易。

古纳尔：我叫古纳尔，是印度裔美国人，所以我有一个印度名字，有一个英文名字，在美国我用英文名字。

景子：你的名字真多。

古纳尔：我的还不算多呢。我来给大家介绍一下吧，我姐姐刚刚结婚，印度女孩儿做了新娘以后，姓和名字都要改，所以她至少有四个名字。

景子：真有意思。在日本，女人结婚后会改姓丈夫的姓，但名字是不会变的。我叫大石景子。大家可以叫我大石，也可以叫我景子。

老师：起名的风俗虽然不同，但大家都是希望人如其名。很多名字里都寄托了起名人的美好愿望。

实用词语
Useful Words and Expressions

1. 来历 láilì　　　　　　名　　derivation　　人或事物的历史或背景
2. 弓 gōng　　　　　　　名　　bow　　射箭的工具
3. 音译 yīnyì　　　　　　名　　translateration　　外来词用本国语读的发音
4. 典型 diǎnxíng　　　　 形　　typical　　有代表性的
5. 混血儿 hùnxuè'ér　　 名　　hybrid　　不同种族的男女结婚生的孩子

6. 望子成龙 wàngzǐ-chénglóng			hold expectation for one's children, especially sons, to become someone 希望孩子,尤其是儿子,成为了不起的人
7. 裔 yì		名	offspring 后代,血统
8. 风俗 fēngsú		名	custom 社会上长期形成的习惯、风气、礼节等
9. 人如其名 rén rú qímíng			a person's personality goes accord with his name 一个人的行为、特点和他的名字一样
10. 寄托 jìtuō		动	leave with 把思想、感情、希望等放在其他人或事物上

功能与表达
Function and Expressions

功能二:介绍

表达:

让我们先互相认识一下
我自我介绍一下
我来给大家介绍一下吧
来,认识一下,……
这就是我跟你提起过的……

例句:

1. 让我们先互相认识一下。我姓王,您怎么称呼?
2. 我自我介绍一下,我叫何东,来自美国。
3. 我来给大家介绍一下吧。我家有四口人,爸爸是律师,妈妈是医生,妹妹今年上大三。
4. 来,认识一下,这位是北京出版社的张先生,这位是北京大学的李教授。
5. 这就是我跟你提起过的,我在北京留学时常常一起聊天儿、一起玩儿的美雪。

第一课　你有几个名字？

语言点例解 Language Points

◆ 反正

说明：表示不管条件、情况怎么样，结果是一样的。主语在"反正"的前后都可以。

例句：1. 手机丢了就丢了吧，反正我早就想买个新的了。
　　　2. 你不用劝我了，我反正是一定要去的。

◆ A 给 B 起名字……

说明：A是起名字的人，B是接受名字的人。不能说"A给B名字"。

例句：1. 是我爷爷给我起的名字。
　　　2. 我弟弟的名字是我妈妈给他起的。

◆ 算

说明：表示程度上稍稍差一点儿，不完全是，但基本上可以这样说。

例句：1. 机票打了七折，算是便宜的了。
　　　2. 重新做的计划书还算不错。

练习 Exercises

一、词语扩展：将下列词语扩展成短语

Expand the following words into phrases.

来历 ①　　　　②　　　　③
典型 ①　　　　②　　　　③
传统 ①　　　　②　　　　③
风俗 ①　　　　②　　　　③
寄托 ①　　　　②　　　　③

二、用指定词语完成句子

Complete the following sentences with the words or structures given.

1. 我的大名是＿＿＿＿＿＿＿＿＿＿＿＿＿＿＿＿＿＿＿＿＿。

（给……起的）

2. 你的名字真好听,意思也好,＿＿＿＿＿＿＿＿＿＿＿＿＿？

（给……起的）

3. 这本书送给你了,＿＿＿＿＿＿＿＿＿＿＿＿＿＿＿＿＿＿＿。

（反正）

4. 我们去哪个饭馆儿吃饭都没关系,＿＿＿＿＿＿＿＿＿＿＿＿＿。

（反正）

5. 我和同屋刚刚认识,＿＿＿＿＿＿＿＿＿＿＿＿＿＿＿＿＿。

（算）

6. ＿＿＿＿＿＿＿＿＿＿＿＿＿＿＿＿＿,我见过更好的游乐园。

（算）

三、语段表达:填写并复述下列短文

Discourse expression: Fill in the blanks and retell the paragraph.

这里的老师叫张文,张是＿＿＿＿＿＿,文是＿＿＿＿＿＿,名字是＿＿＿＿＿＿起的,希望他语文好,所以他做了汉语老师。同学们的名字有的是＿＿＿＿＿＿,有的是＿＿＿＿＿＿,还有的是＿＿＿＿＿＿。起名的风俗虽然不同,但大家都是希望＿＿＿＿＿＿。他们的名字里都＿＿＿＿＿＿了起名人的美好希望。

四、讲述 Give an account of...

你知道哪位名人的艺名或笔名?说一说这个艺名或笔名的意义,以及它和本名的关系。

第一课　你有几个名字？

五、讨论（尽量使用本课词语功能表达）
Discuss. (Try to use the function and expressions of this lesson.)

人的名字有什么意义？对一个人的人生有影响吗？有什么样的影响？

六、话题交际 Make a dialogue on the topic below .

分组对话：在你们国家人们如何起名？有什么特别的风俗习惯？

七、实战演练 Situational communication.

小成，他爷爷的名字是成龙，你知道这是从哪个成语来的吗？(　　)。他爸爸属马，名字叫成功，又是从哪个成语来的？(　　)。猜一猜小成叫什么？(　　)。说说为什么，还有没有别的选择？

  a. 马到成功　　　b. 望子成龙　　　c. 成果

一个外国留学生刚到北京,他想去超市买点儿东西,但不知道怎么走。这时,迎面走来一位老大爷,于是外国留学生走上前去,问:"老头儿,到超市怎么走?"老大爷一脸的不高兴,但还是耐心地告诉他了。

分析:老大爷为什么不高兴?
分享:对不同的人应当如何称呼?

寒暄与客套
Greetings and Small Talks

热身话题 Warm-up Questions
1. 中国人寒暄时说什么？
2. 你们国家的人怎样打招呼？

功能：明白

后来才知道，……
怪不得……
原来……

有一天中午下课以后，我往宿舍走，在路上遇见了一个中国朋友。他看到我以后，停下来对我说："吃饭了吗？"我说："还没吃呢。"我满心欢喜地等待他邀请我和他一起吃饭，可是他却只说了一句"啊，是吗，……再见！"说完就走了。

我站在那儿愣了一会儿，心里有点儿不是滋味，而且觉得他未免有些冷淡。不想请我吃饭，为什么问我吃没吃饭？后来才知道，"吃（饭）了吗？"只不过是很多中国人见面时

打招呼的用语而已。怪不得他什么也没说就走了。

另外,我还发现有的中国人见面时喜欢"明知故问"。早上我背着书包走在路上,遇到中国朋友,他们会说:"上课去呀?"在超市遇见,他们会说:"买东西呢?"原来,有些中国人习惯用你正在做的或将要做的事情跟你打招呼。

实用词语
Useful Words and Expressions

1.	遇见 yùjiàn	动	meet　碰到
2.	满心欢喜 mǎnxīn huānxǐ		doing something in good mood　心中充满欢乐
3.	等待 děngdài	动	wait for something to happen　不采取行动,直到所期望的人、事物或情况出现
4.	愣 lèng	动	distract, stupefy　呆,失神
5.	滋味 zīwèi	名	feelings, tastes　感受
6.	冷淡 lěngdàn	形	frigid　不热情,不关心
7.	明知故问 míngzhī gùwèn		ask when you know the answer　明明知道答案还问

功能与表达
Function and Expressions

功能一:明白

表达:

　　后来才知道,……
　　怪不得……
　　原来……

例句：

1. 后来才知道,她因为身体原因没有参加比赛。
2. 怪不得一直打不通,他的手机没电了。
3. 你对北京这么熟,原来你在北京生活了好几年。

语言点例解 Language Points

◆ **未免**

说明：副词。表示免不了有一点儿……,常跟程度副词"太、过于、不够、有点儿、有些……"合用。

例句：1. 小弟才上高一,现在就准备高考,未免有点儿早了。
   2. 什么,才得了30分？这也未免考得太差了！

◆ **只不过……而已**

说明：表示没什么大不了的。"而已"有时可以省略。

例句：1. 只不过是一次小考而已,不用这么紧张。
   2. 我想他只不过说说而已,不要当真。

◆ **原来**

说明：副词。"原来+原因"表示知道了本来不知道的原因。

例句：1. 怪不得你和他那么熟,原来是老同学！
   2. 原来你已经知道了,我说你怎么不着急呢！

一、词语扩展：将下列词语扩展成短语
Expand the following words into phrases.

等待　①　　　　　②　　　　　③

滋味　①　　　　　②　　　　　③

冷淡　①　　　　　②　　　　　③

二、用指定词语完成句子

Complete the following sentences with the words or structures given.

1. _____，谁知道实际这么难。
（本以为）

2. 如果你不认真考虑就答应，_____。
（未免）

3. 夏天这么热，穿长袖衬衫，_____。
（未免）

4. 中国人问"吃了吗"有时候_____。
（只不过……而已）

5. 别生气，他这么说不是认真的，_____。
（只不过……而已）

6. _____小王今天没去体育场锻炼身体，_____。
（怪不得……原来……）

三、根据课文内容完成对话

Make a dialogue according to the text, using the words given below.

参考词语：遇见　怪不得　原来　明知故问　只不过……而已　未免

A: 你知道中国人一般怎么打招呼吗？

B: 我知道的大概有这样几种……
A:
B:
A:
B:
……

四、讲述 Give an account of...

因打招呼而引起误会的经历。

五、成段表达（尽量使用本课词语功能表达）

Discourse expression. (Try to use the function and expressions of this lesson.)

你的中国朋友怎样和你打招呼？你适应这种问候方式吗？

老师：不同国家有不同的寒暄方式，有时候我们不了解这些寒暄方式可能会引起误会，请大家想想，在你们国家人们见面时怎样寒暄呢？

武男：日本人见面时常说"好热啊""太冷了""今天天气真好"之类的问候语，一般都是围绕天气和季节的变化。需要注意的是，回应的时候不要根据自己的冷热感觉回答，而应该说"是啊""天气真好"。

伊莎贝拉：在法国，熟人见面打招呼，常常说"最近怎么样""家里人都好吗"什么的。另外,我发现很多国家的见面礼不一样。法国人见面时会亲对方的脸,而我的泰国朋友们会一边问好,一边双手合十放到胸前并低下头。

麦克:在美国,陌生人之间寒暄时会避免谈论家庭、收入等涉及个人生活的话题,可以谈论天气啦、运动啦、电影啦、艺术等内容。另外,美国人在谈话中总是避免冲突,所以谈话归谈话,但不要和对方辩论。此外,美国人也十分重视空间距离,除了握手,以及表示友好、关怀的拥抱外,应当尽量避免身体接触,不然会引起很多误会。

景子:日本人在分手告别的时候可能会说"欢迎你来我家玩儿"之类的话,一般来说,这只不过是一句客套话,并不是真正的邀请,所以用这句话和外国人告别就容易引起误会。有一次分手时,我对我的一个中国朋友说"欢迎你来我宿舍玩儿"。没过几天,他真的来宿舍找我了。

武男:其实,如果只是泛泛地说"欢迎来我家玩儿""下次一起吃饭吧"这样的话,在日本大都是客套,并不是邀请。真心邀请的话,就会约定具体时间。

老师:现在我们了解了一些国家寒暄的方式,以后我们打招呼就有更多的选择了。

实用词语
Useful Words and Expressions

1. 寒暄 hánxuān　　动　　greeting, have a small talk　见面时谈天气冷暖之类的交际话语

2. 围绕 wéirào　　动　　surround　以某个问题或事物为中心

3. 回应 huíyìng　　动　　react　回答,反应

4. 陌生 mòshēng　　形　　strange, unfamiliar　不熟悉

5. 涉及 shèjí　　动　　involve (a certain aspect or topic)　关联到

6. 谈论 tánlùn　　动　　talk about　用谈话的方式表示对人或事物的看法

7. 冲突 chōngtū　　名　　confrontation　矛盾,斗争

8. 辩论 biànlùn　　动　　debate upon　双方说明自己对事物或问题的见解,指出对方的矛盾

9. 握手 wò shǒu　　　　shake hands　两个人伸手相互握住(见面、分别或表示祝贺时常握手)

10. 以及 yǐjí　　连　　as well as, along with　连接并列的词或词组

11. 关怀 guānhuái　　名　　loving care for, solicitude for　关心

12. 拥抱 yōngbào　　动　　hug, embrace　为表示亲近或友好而相抱

13. 客套 kètào　　名　　civilities　表示客气的话

14. 泛泛 fànfàn　　副　　casually, generally　不深入

功能与表达 Function and Expressions

功能二：列举

表达：
　　……之类的……
　　……什么的
　　……啦，……啦，……啦
　　像……
　　什么……

例句：
1. 中国人过年时讲究吉利，所以要避免说"死、杀"之类的话。
2. 去别人家做客，可以带些水果、巧克力、花什么的。
3. 北京的名胜古迹很多，天坛啦，故宫啦，颐和园啦，都值得一去。
4. 来北京后，我认识了很多国家的朋友，像日本人、美国人、法国人、泰国人等等。
5. 中国的饮食很丰富，什么广东菜、四川菜、上海菜都很好吃。

语言点例解 Language Points

◆ A归A，……

说明：与"虽然A，……"的意思相近。后面常有"可是、但是"等词。

例句：1. 这件大衣漂亮归漂亮，可是价格太贵，我不会买的。
　　　2. 说归说，你不会真的这么做吧？

◆ 不然

说明：连词，表示"如果不这样"。用在后一小句的开头，如果有主语，主语在"不然"的后面。

例句：1. 快出发吧，不然一定会迟到。

2. 别拿同学的缺点开玩笑，不然别人会觉得你没礼貌。

◆ ……的话，就……

说明："假设的情况+的话，就+可能的结果"，意思与"如果""要是"相同。

例句：1. 明天天气不好的话，我们就不去香山了。

2. 你不喜欢这部电影的话，我们就换一部看好了。

一、词语扩展：将下列词语扩展成短语

Expand the following words into phrases.

围绕 ①　　　　　　②　　　　　　③

陌生 ①　　　　　　②　　　　　　③

涉及 ①　　　　　　②　　　　　　③

谈论 ①　　　　　　②　　　　　　③

冲突 ①　　　　　　②　　　　　　③

关怀 ①　　　　　　②　　　　　　③

二、用指定词语完成句子

Complete the following sentences with the words or structures given.

1. _____很受欢迎。

（之类的）

2. _____,不过这件事情我不能答应你。
(……归……)

3. _____,可是好像不太实用。
(……归……)

4. 我们得马上开始了,_____。
(不然)

5. 我们还是按时回去吧,_____。
(不然)

6. 来不及_____,_____。
(……的话,就……)

三、语段表达:填写并复述下列短文

Discourse expression: Fill in the blanks and retell the paragraph.

日本人打招呼经常_____。大多情况下,日本人说"欢迎来我家玩儿"只不过是_____。在法国,熟人见面时,常常说_____什么的。美国陌生人之间寒暄时会避免_____等话题。需要注意的是,不要谈论涉及政治、宗教、收入等_____的话题。另外美国人在谈话中总是_____,谈话归谈话,千万_____。还有一个要特别注意的是_____。

四、讲述 Give an account of...

你在一天中不同的时间遇到朋友怎么打招呼?

五、讨论(尽量使用本课词语功能表达)

Discuss. (Try to use the function and expressions of this lesson.)

你和中国人打招呼时会不会说"吃了吗"?为什么?

六、话题交际 Make a dialogue on the topic below.

分组对话：在你们国家人们如何寒暄？要注意哪些情况？

七、实战演练 Situational communication.

你要去一位一个月没见的中国朋友家里做客，先和他在咖啡馆儿见面，然后一起去他家。在他家里见到了他的爷爷、爸爸妈妈和侄子。你怎么和他们寒暄？

实例分析 Case Study

一个美国人见到他的中国朋友时说："我喜欢你的新帽子。"中国朋友听了，没有感到高兴，相反，他愣了一下，心想，"他是想要我的新帽子吗？还是客套？"

分析：为什么会出现这种情况？中国人表达称赞时会怎么说？

分享：在你们国家一般如何称赞别人？

第三课 Lesson 3

购物的"中国特色"
Shopping in China

热身话题　Warm-up Questions
1. 你喜欢在什么样的地方购物？
2. 在你们国家买东西可以讨价还价吗？

功能：推断

这样一来，……
……应该是这样的吧

　　在中国，有一个非常有趣的现象就是买东西可以讨价还价。在日本买东西不讲价，讨价还价是中国的购物特色。售货员明知顾客会砍价，所以故意把卖价抬高一些。这样一来，顾客和售货员之间的交流就发生了。看到顾客和售货员交易，总让人感到温暖，购物本来就应该是这样的吧。

　　在日本，店员和顾客只是单纯的钱货交易，一手交钱，一手交货，让人觉得冷冰冰的。日本曾经像中国一样，店员和顾客之间也是有交流的，但是随着大型超市和便利店的增加，店员和顾客的交流也越来越少了。

　　上星期六我跟同学一起去西单买衣服。我看中了一件T恤，开始卖的人说要200块钱，我们说："老板，便宜点儿吧。"可说什么他们都不同意。我们干脆不买，走了。走出没多远，售货员又在后边喊我们,"回来吧回来吧,唉,算了,交个朋友。"结果130块成交,我们都很高兴。

实用词语
Useful Words and Expressions

1. 讨价还价 tǎojià-huánjià			bargain, argy-bargy　买卖双方商量价格,讲价
2. 砍价 kǎn jià			palter　要求卖方降低价格
3. 故意 gùyì		副	on purpose, intentionally　有意去做
4. 交易 jiāoyì		动	trade　做买卖,交换
5. 干脆 gāncuì		副	without more ado　直接地
6. 成交 chéngjiāo		动	strike a bargain　买卖做成

功能与表达
Function and Expressions

功能一：推断

表达：

  这样一来，……

  ……应该是这样的吧

  可见，……

  是不是……

  这么说，……

例句：

1. 我的同屋是俄罗斯人，这样一来，我就能了解俄罗斯的很多情况。
2. 地道的烤鸭的味道应该是这样吧。
3. 丽丽平时成绩很好，但这次考得很糟糕，可见，她复习得不好。
4. 你是不是已经把房间预定好了？
5. 这么说，你不同意他的建议了？

语言点例解
Language Points

◆ 冷冰冰

说明：形容不热情或物体很冷。形容词或名词加重叠的词尾，构成ABB格式，用如形容词，如：热乎乎、水汪汪。前面不能再加表示程度的成分，如"很、非常"等。

例句：1. 我同桌看起来冷冰冰的，其实是个热心的人。

    2. 那女孩儿长着一双水汪汪的大眼睛，漂亮极了！

◆ 随着

说明：强调某种情况产生的条件，多用于句首。

例句：1. 随着改革开放的深入开展，当地的经济发展越来越快。

2. 随着年龄的增长，我渐渐明白了很多道理。

◆ 中

说明："少数单音节动词+中"表示达到目的。可插入"得、不"。读第四声。

例句：1. 老板看中了小万，让他做了经理。

2. 选中青岛做这次度假的地点，是因为我喜欢海，而且青岛比较凉快。

一、词语扩展：将下列词语扩展成短语

Expand the following words into phrases.

干脆 ①　　　　　②　　　　　③

故意 ①　　　　　②　　　　　③

成交 ①　　　　　②　　　　　③

二、用指定词语完成句子

Complete the following sentences with the words or structures given.

1. _____，和他说话时感觉很不舒服。

（冷冰冰）

2. 小李虽然_____，其实是很乐于助人的。

（冷冰冰）

3. _____，来中国留学的外国学生越来越多。

（随着）

4. _____,我对中国人的了解渐渐加深了。
（随着）

5. 这两件大衣我都很喜欢，但是只能买一件，_____。
（中）

6. 这么多飞机，你为什么_____？
（中）

三、根据课文内容完成对话

Make a dialogue according to the text, using the words given below.

参考词语：明知　故意　售货员　砍价　购物　……中

A: 在中国买东西可以讲价吗？
B: 很多地方都可以，……
A:
B:
A:
B:
……

四、讲述 Give an account of...

你在中国买东西讨价还价的经历。

五、成段表达（尽量使用本课词语功能表达）

Discourse expression. (Try to use the function and expressions of this lesson.)

中国人买卖双方怎么讨价还价？

第三课 购物的"中国特色"

跨文化对话
Cross-cultural Dialogues

功能：比较

不同的是……
……赶不上……
没有比……更……

老师：来中国后，大家都去过什么样的商店买东西？有什么特别的地方？

珍妮：有一次语言实践课，老师带我们去农贸市场转了一圈儿，看到了不少新鲜东西。在美国没有这样的市场，最像的可能是"农夫市场"，每周两次，农民把自家的农产品，像水果、蔬菜、蜂蜜什么的拿来卖，大概不到半天的时间，规模也不太大。

敏姬：韩国也有农贸市场，不同的是摊主很少用秤称，一般按份卖，分成一小堆一小堆的。比如用一样大小的塑料篮子装草莓，每篮价格一样，篮子是赠品，方便实惠。

萨沙：我常常在学校附近的一家水果店买水果，那里的水果很新鲜，老板每次都热情地帮我挑选，有时候还会拿一两

个别的水果送给我，说："新来的，尝尝鲜。"这大概是老顾客的福利吧。

秀丝：没错，这样就会有很多"回头客"。那位老板很会做生意！

我也喜欢在小店买东西，还可以和老板、售货员聊聊天儿，大超市赶不上小店有人情味儿。

雷奥：我觉得中国人好像很喜欢逛街，把逛街当作一种娱乐。商场里人总是很多，周末、假期更是人挤人。

丽琳：我也不太去大商场，是因为我不太明白打折的方法。"满一百返五十"，那五十可能是这样那样的券，这里能用那里不能用，太复杂了，我干脆不去了。

景子：我刚来北京的时候，问一个朋友去哪儿买衣服好，她第一个就想到"动物园"，就是北京动物园对面的服装市场。听说大学生都喜欢到那里"淘"衣服，虽然很挤，但衣服没有比那里更便宜的了。

伊莎贝拉：中国的商店开门的时间很长，周末也不休息，一年三百六十五天，几乎随时可以去买需要的东西，这点比法国方便。老师，在中国，网上购物的多吗？

老师：越来越多。不少在校大学生还做了网店的老板呢。不过网上购物多以年轻人为主，不算十分普遍。

实用词语
Useful Words and Expressions

1. 实践 shíjiàn	动	carry out, practise	实际应用学过的知识或道理
2. 农贸市场 nóngmào shìchǎng		market of farm products	卖农产品、副食品的市场
3. 规模 guīmó	名	scale, size	形式，范围
4. 秤 chèng	名	balance	一种量重量的工具
5. 称 chēng	动	weigh up	量重量
6. 赠品 zèngpǐn	名	free gift	卖方赠送的物品

7. 实惠 shíhuì	形	worthwhile	从经济的角度讲,很合算、值得
8. 福利 fúlì	名	boon, material benefits	生活上的利益、好处
9. 人情味儿 rénqíngwèir	名	the milk of human kindness	人通常具有的感情
10. 券 quàn	名	coupon	这里指打折券、票证
11. 淘 táo	动	search hardly	在大量商品中找最好、最实惠的
12. 网店 wǎngdiàn	名	online store	在网上卖东西的商店
13. 普遍 pǔbiàn	形	common	非常常见

功能与表达
Function and Expressions

功能二：比较

表达：
　　不同的是……
　　……赶不上……
　　没有比……更……
　　……跟……不一样
　　……比……更(还)……

例句：
1. 我们都喜爱音乐,不同的是,我喜欢古典音乐,他喜欢流行音乐。
2. 这里的气候赶不上我们家乡的好。
3. 在我们班,没有比大伟汉语说得更流利的了。
4. 孩子跟大人不一样,他们的笑大多发自内心。
5. 这条路比那条路更(还)堵。

语言点例解
Language Points

◆ 把A当作B

说明：因为A和B相近，所以同样对待。后面可以再接其他动词。

例句：1. 我把妈妈当作最好的朋友。

2. 小赵把他的老板当作偶像来学习。

辨析："把……当作……"和"把……看作……"

"把……当作……"后面可以接别的动词，如：把他当作知心朋友看待。"把……看作……"后面一般不接别的动词。

◆ 没有比……更……的（……）了

说明："没有比A更……的了"表示A在某类事物中最……。

例句：1. 没有比游泳更好的全身运动了。

2. 我们班没有比他汉语说得更好的了。

◆ 以……为……

说明："以A为B"表示把A当作B来对待，或者把A当作是B。

例句：1. 大部分中国人以米、面为主食。

2. 这本书以趣味性为最大特点，很受孩子们欢迎。

3. 这家饭店的菜以川菜为主，口味偏辣。

辨析："以……为……"和"把……当作……"

"把……当作……"有时有"并不是真的那样"的意思，表达主观态度，多用于口语。

"以……为……"主要表达客观事实，多用于书面。

一、词语扩展：将下列词语扩展成短语

Expand the following words into phrases.

实践 ① ② ③
淘　① ② ③
普遍 ① ② ③
实惠 ① ② ③

二、用指定词语完成句子或对话

Complete the following sentences /dialogues with the words or structures given.

1. 虽然我们认识不久，_____。

（把……当作……）

2. 我一点儿也不觉得打工辛苦，因为我_____。

（把……当作……）

3. 在我吃过的水果中，_____。

（没有比……更……的了）

4. 在我认识的运动员中，_____。

（没有比……更……的了）

5. 喜欢在动物园服装市场买衣服的人_____。

（以……为主）

6. A：你喜欢去电影院看电影还是用电脑看？
　 B：_____。

（赶不上）

三、语段表达：填写并复述下列短文
Discourse expression: Fill in the blanks and retell the paragraph.

我常常在一家水果店买水果，那里的水果很_____，老板每次_____，有时候还会拿一两个别的水果送给我，说："新来的，_____"这大概是老顾客的福利吧。这样就会有很多"回头客"。那位老板很_____！我的朋友也非常喜欢在小店买东西，这样可以和老板、售货员聊聊天儿，而大超市_____小店有人情味儿。我的德国同学认为中国人很喜欢逛街，把逛街当作_____。商场里人总是很多，周末、假期更是_____。

四、讲述 Give an account of...
在中国购物，方便与不方便的地方分别是什么？

五、讨论（尽量使用本课词语功能表达）
Discuss. (Try to use the function and expressions of this lesson.)

有人觉得买东西时能讨价还价更好，而有人觉得还是有固定的价格更好。请说明你的观点和理由，试着说服对方。

六、话题交际 Make a dialogue on the topic below.
分组对话：你喜欢在什么样的地方购物？为什么？

七、实战演练 Situational communication.
试试看在什么地方购物或消费可以讨价还价，什么地方不行，记下你讲价时售货员或老板的反应，回到班上报告一下你实践的结果。

第三课 购物的"中国特色"

实例分析
Case Study

　　一位外国留学生来中国后,发现中国很多地方买东西可以讲价,他感到很有趣,也想亲自试试。有一天,他来到邮局寄包裹,营业员根据包裹的重量和邮寄距离给他报了价,他听了后反问营业员:"能不能便宜点儿"?

　　分析:你认为营业员会给他便宜吗?
　　分享:在你们国家,什么地方可以讨价还价?

网络时代
Era of Internet

热身话题　Warm-up Questions

1. 你同意现在是网络时代的观点吗？
2. 你认为时尚的生活方式和网络关系密切吗？

课　文　Text

功能：怀疑

真的……吗？
我不禁怀疑，……
莫非……

我们家三代同堂，爷爷奶奶偶尔用电脑，爸爸妈妈常常用电脑，我呢，走到哪儿都带着我心爱的"笔记本"。电脑真的改变我们的生活了吗？

现在我们不但能随心所欲地写博客，随时随地收发电子邮件，还可以通过电脑网络打免费的电话。在享受这些最新的便利的同时，我不禁怀疑，莫非电话机也快要被淘汰了？无论如何，网络的确已经变成了

第四课　网络时代

重要的交流工具了。

我离不开网络主要是因为有什么疑问，不用到处找专业人士请教，上网一查就知道了。家人想吃哪种口味的菜，在网上"百度一下"，成千上万个搜索结果就立刻出来了。写论文找资料，网络也是好帮手。有人说，"外事问谷歌，内事问百度"，真是方便极了。

以前爷爷奶奶的时代要看电影，得去电影院，爸爸妈妈买DVD在家看，可现在我只要上网，就可以很方便地看喜欢的电影了。用网络还可以省钱。我现在几乎不买杂志、报纸，因为大部分都有电子版；也很少买电影和音乐的光盘，下载便宜得多。

实用词语
Useful Words and Expressions

1. 三代同堂 sāndài tóngtáng		a big family in which three generations live together　三代人一起生活在一个大家庭里
2. 偶尔 ǒu'ěr	副	occasionally　有时候
3. 随心所欲 suíxīnsuǒyù		follow one's inclinations　按照自己的意愿去做
4. 博客 bókè	名	blog, weblog　网络日志
5. 享受 xiǎngshòu	动	enjoy　物质上或精神上得到满足
6. 不禁 bùjīn	副	can not help doing　不由得
7. 莫非 mòfēi	副	*used to give force to a rhetorical question*　难道
8. 淘汰 táotài	动	wash out　去掉不好或不需要的
9. 疑问 yíwèn	名	doubt　问题
10. 搜索 sōusuǒ	动	search　努力寻找
11. 下载 xiàzǎi	动	download　从网络把资料、影音等传到电脑上

功能与表达
Function and Expressions

功能一：怀疑

表达：

真的……吗？

我不禁怀疑，……

莫非……

很难相信，……

你在开玩笑吧

例句：

1. 真的没有直达的飞机吗？
2. 我不禁怀疑，他有没有认真考虑我的请求？
3. 莫非大家还不知道昨天发生的事？
4. 很难相信，一个两岁多的孩子能认识这么多的汉字。
5. 他们结婚了？你在开玩笑吧。

语言点例解
Language Points

◆ 在……的同时

说明：表示前后两种情况在同一个时间段发生。

例句：1. 在工作的同时，我自学了日语。
　　　2. 在读硕士的同时，小柳在一家夜校做兼职教师。

◆ 莫非

说明：副词。用在主语前面或后面，加强反问的语气。

例句：1. 你莫非忘记了今天的会议？
　　　2. 莫非老板没有接受你的建议？

近义表达方式：难道

◆ 只要……就……

说明："只要+条件，就+结果"，表示如果满足这个条件，就一定可以有预期的结果。如果后面的小句有主语，应该在"就"的前面。

例句：1. 只要你同意，我就可以开始进行这个计划了。

2. 只要有足够的钱，暑假我就去旅行。

辨析："只要……就……"和"只有……才……"

"只有"后面是唯一的条件，有很难达到目的的意味。

"只要……就……"则有比较容易达到目的的意味。

一、词语扩展：将下列词语扩展成短语

Expand the following words into phrases.

享受 ①　　　　②　　　　③
搜索 ①　　　　②　　　　③
淘汰 ①　　　　②　　　　③
下载 ①　　　　②　　　　③

二、用指定词语完成句子

Complete the following sentences with the words or structures given.

1. _____，我享受着独自一个人生活的自由。

（在……的同时）

2. _____，我也来到了这家公司上班。

（在……的同时）

3. _____，不用担心。

（只要……就……）

4. _____,考试不会有问题的。

（只要……就……）

5. 这次篮球比赛，对方的队长没有上场，_____？

（莫非）

6. 我有点儿怀疑，_____

（真的……吗？）

三、根据课文内容完成对话

Make a dialogue according to the text, using the words given below.

参考词语：搜索　下载　不禁　随心所欲　博客　上网
　　　　　只要……就……

A: 唉，昨天我的笔记本电脑坏了！
B: 啊？那多不方便呀……
A:
B:
A:
B:
……

四、讲述 Give an account of...

你一般用电脑做什么？

五、成段表达（尽量使用本课词语功能表达）

Discourse expression. (Try to use the function and expressions of this lesson.)

　　你们国家不同年龄的人（老人、中年人、年轻人、孩子）使用电脑的情况。

第四课 网络时代

跨文化对话
Cross-cultural Dialogues

功能：反对

话不能这么说，……
我不这么看
我不完全赞同你的观点

老师：人们都说，21世纪是网络时代，大家觉得在你们的生活中，网络有那么重要吗？

雄柴：现在是网络时代嘛，最时尚的生活方式当然离不开网络，而且现在几乎什么都可以在网络上进行，又快又方便。

文强：现在我们写作业和论文都用电脑，可以随时修改，写完一按"发送"就交给老师了。

卡佳：我觉得无线上网是人类最伟大的发明之一。再普及一点儿、收费便宜一点儿就更完美了！

汉娜：话不能这么说，一切事物都有两面性。方便归方便，网络也给我们带来很多问题。比如过度使用和依赖电脑，会给身心健康带来损害。现在很多小孩儿迷上了玩儿网络游戏，好像都不会和人打交道了。

珍妮：我不这么看。这么多人喜欢玩儿网络游戏，说明网络游戏要比传统的娱乐方式内容丰富得多，形式有趣得多，情感充实得多。作为网络时代的娱乐方式，网络游戏容纳了很多种不同的艺术形式，给每个玩家带来了全新的体验。

萨沙：我同意，所谓上瘾，

人们离不开的并不是网络游戏,而是游戏带来的归属感与成就感。网络游戏也能更充分地体现21世纪不可或缺的团队精神,玩家通过网络游戏得到了归属感与成就感。

路易:我不完全赞同你的观点。我觉得人不能生活在虚幻的世界里,人如果每天只是上网而不和人交往,就会越来越孤独。对一些性格比较软弱,容易受别人影响的人,网络这么发达也不一定是好事。

文翰:不管怎么样,它资源共享与信息传播的方式改变了每个人的生活。谁也不能否认,用网络获取知识和交流信息的效率要比通过书本与电视等传统方式高得多。

老师:十全十美的事物是不存在的,网络也是有利有弊,要看我们怎么合理利用。

实用词语
Useful Words and Expressions

1. 时尚 shíshàng	形	vogue	流行的,时髦的
2. 普及 pǔjí	动	popularize	普遍推广,使大众化
3. 依赖 yīlài	动	rely on	依靠别的人或事物,不能自立
4. 损害 sǔnhài	动	do harm to	使事业、健康、名誉、利益等受到损失
5. 打交道 dǎ jiāodào		contact with	交往,接触
6. 体验 tǐyàn	动	experience	亲身经历、感受
7. 上瘾 shàng yǐn		be addicted to	对某种事物过分爱好、依赖
8. 归属感 guīshǔgǎn	名	sense of ascription	认为自己属于某个组织的安全感与满足感
9. 不可或缺 bùkě-huòquē		necessary	必不可少
10. 虚幻 xūhuàn	形	false, untrue	假的,不真实的

第四课　网络时代

11. 软弱 ruǎnruò	形	weak　无力的,不坚强的
12. 效率 xiàolǜ	名	efficiency　一定时间内完成的工作量的大小
13. 十全十美 shíquán-shíměi		perfect, flawless　完全没有缺点
14. 有利有弊 yǒulì yǒubì		may lead to any result, good or bad　有好处也有坏处

功能与表达
Function and Expressions

功能二：反对

表达：

话不能这么说，……
我不这么看
我不完全赞同你的观点
对不起，我很难同意
你的意见不能说没有道理，但是……

例句：

1. 话不能这么说，中医确实有它独特的地方。
2. 我不这么看，现实生活中，完美的人是不存在的。
3. 我不完全赞同你的观点。口语确实很重要，但是汉字也不能一点儿不学。
4. 对不起，我很难同意。大家还是举手表决吧。
5. 你的意见不能说没有道理，但是不能把所有的责任都推到他身上。

语言点例解 Language Points

◆ 再……一点儿就……了

说明:"再+形容词/动词结构+一点儿就……了"在这里表示如果情况再进一步就更令人满意了。"了"前面是表示"好、合适、完美"等意义的词。

例句:1. 这幅画的颜色再鲜艳一点儿就完美了。
　　　2. 要是咖啡里再加一点儿糖就好了。

◆ ……上

说明:"动词+上"表示动作有结果。

例句:1. 这些运动员都是好不容易才被选上加入国家队的。
　　　2. A: 你觉得小李考得上北京大学吗?
　　　　 B_1: 我听说他终于梦想成真,考上了北京大学!
　　　　 B_2: 我觉得他很可能考不上!

◆ 有……有……

说明:"有"的后面接单音节动词或名词,表示同时具有。

例句:1. 他们两个关系很亲密,在一起总是有说有笑。
　　　2. 人们都喜欢和有情有义的人交往,冷血动物怎么会有朋友?

辨析:"有……有……"和"又……又……"

"有……有……"连接单音节动词或名词。

"又……又……"连接单音节或双音节的动词或形容词。

一、词语扩展:将下列词语扩展成短语

Expand the following words into phrases.

普及 ①　　　　　②　　　　　③

依赖 ①　　　　　②　　　　　③

享受 ①　　　　　　②　　　　　　③
损害 ①　　　　　　②　　　　　　③
软弱 ①　　　　　　②　　　　　　③

二、用指定词语完成句子或对话

Complete the following sentences /dialogues with the words or structures given.

1. 你觉得去上海的火车票_____？
（……得上……不上）

2. 小明中考的成绩不错，_____。
（……上）

3. 我不知道应该出国读大学还是在国内读好，_____
_____。
（有利有弊）

4. 这家饭馆儿真不错，要是_____？
（再……一点儿就……了）

5. A：你不喜欢你的上司是吗？
   B：_____。
（话不能这么说）

6. A：我认为这个方法会是最好的！
   B：_____！
（我不完全同意）

三、语段表达：填写并复述下列短文

Discourse expression: Fill in the blanks and retell the paragraph.

大家都同意现在是网络时代，最时尚的生活方式_____网络。而且现在几乎_____，又快又方便。现在我们写作业和论文都用电脑，可以_____修改，写完一按"发送"就交给老师了。无线上网是_____，再普及一点儿、收费便宜一点儿就更完美了！不过，一切事物都有_____。方便归方便，网络也给我们带来很多问题。比如，过度使用和_____电脑,会给身心健康带来损害。现在很多小孩儿_____了玩儿网络游戏,好像都不会和人_____了。

四、讲述 Give an account of...

综合课文里的观点,总结一下网络的利弊。你还有什么补充吗?

五、讨论(尽量使用本课词语功能表达)

Discuss. (Try to use the function and expressions of this lesson.)

在21世纪,你认为离开网络,人们是否能够生存、发展?

六、话题交际 Make a dialogue on the topic below.

分组对话:相互介绍自己采用最多的交流方式并说明原因。

七、实战演练 Situational communication.

在网上用搜索的方式找到几个汉语学习网站,了解其特点,如果有特别适合的,试试注册成为会员。把你最喜欢的网站介绍给同学,说明其主要优点。

实例分析
Case Study

最近,网络上出现了一批"包工头",他们将各种任务承接后,再转包出去赚取差价。小到名片设计,大到房产项目,他们都能"包"。其实,"包工头"就是将网上分散的人才聚集起来,再用最短的时间完成高难度的任务,但同时也要建立自己的后备团队,并不断积累人脉。

　　分析:为什么会兴起网络"包工头"?

七上八下

Is 8 a Lucky Number?

热身话题　Warm-up Questions

1. 你介意住在13号房间吗？
2. 你有没有幸运数字？是什么？

功能：感叹

真……
太……了
多……

　　今年高考时，有家长为了方便孩子考试，在考场附近的宾馆为考生预定了房间。有趣的是房间尾号为7的大受欢迎，而尾号为8的反而无人问津。这是为什么呢？原因让人有点儿哭笑不得，原来人们相信"七上八下"，如果住在7号房间，就会考"上"好大学；而要是住8号房间，则可能会"下"，也就是落榜。虽然听起来有点儿

可笑,但是人们常常想,小心一点儿总没错。

说起中国人对数字的敏感,还真不一般!很多人最喜欢8,因为汉语里8和"发"发音接近。"6"也不错,因为"六六大顺";而"9"则代表长长久久。广州宾馆的电话尾数是"八一六八",表示"发了又发",这太让人高兴了!商人住饭店,也喜欢住房号是"五一八"的房间,读起来像"我要发",多吉利!难怪有的宾馆干脆提高吉祥房号的费用。可是无论什么时候,遇到4、14,有些人难免心里不痛快,因为汉语里"4"和"死"的发音接近。

虽然很多俗语的出处已经说不清楚了,但可以肯定的是,数字与中国人的生活息息相关!

实用词语
Useful Words and Expressions

1. 尾号 wěihào		名	numbers at the latter part 最后面的号码
2. 无人问津 wúrén wènjīn			with no one interested in 没有人注意或有兴趣
3. 哭笑不得 kūxiào-bùdé			feel funny and weird at the same time 觉得又可笑又可气
4. 七上八下 qīshàng bāxià			feel uneasy, worry about the result 心里乱,不安
5. 落榜 luò bǎng			fail in the entrance examination 没有被录取,主要指升学考试失败
6. 敏感 mǐngǎn		形	sensitive 对事物反应很快
7. 吉利 jílì		形	lucky 能带来好运气的
8. 吉祥 jíxiáng		形	auspicious 运气好,事情顺利
9. 俗语 súyǔ		名	idiom 俗话,在大众中普遍流行的话
10. 息息相关 xīxī xiāngguān			closely related 有紧密的关系

功能与表达
Function and Expressions

功能一：感叹

表达：

真……

太……了

多……

……极了

可……啦

例句：

1. 这个孩子真可爱！
2. 中国的人太多了！
3. 这个问题多容易解决呀！
4. 九寨沟的风景美极了！
5. 学汉语可有意思啦！

语言点例解
Language Points

◆ 反而

说明：副词。表示跟前文意思相反或没有想到，有时与"不但"连用。

例句：1. 大哥很粗心，常常丢三落四，反而要弟弟照顾他。

2. 朋友有困难，他不但不帮忙，反而批评朋友没有能力。

◆ 难怪

说明：表示明白了原因，不再觉得奇怪。

例句：1. 难怪你不喜欢春天，原来你对花粉过敏。

2. 爸爸连着加班好几天了，难怪看起来很累。

近义表达：怪不得（多用于口语）

◆ ……的是

说明："动词/形容词结构+的是"强调说明有某种情况。

例句：1. 奇怪的是，上课铃已经响了，教室里一个人也没有。

　　　2. 让人高兴的是，今年的国庆假期和中秋节在一起，放假八天。

一、词语扩展：将下列词语扩展成短语

Expand the following words into phrases.

敏感 ①　　　　②　　　　③

吉利 ①　　　　②　　　　③

落榜 ①　　　　②　　　　③

二、用指定词语完成句子或对话

Complete the following sentences/dialogues with the words or structures given.

1. 这个假期我一直在打工，不但没有休息好，_____。

（反而）

2. _____，原来他已经找到工作了。

（难怪）

3. 原来你已经做好晚饭了，_____。

（难怪）

4. _____，我完全没有受到影响。

（……的是）

5. A：外面这么热闹，你怎么没出去走走？

　 B：_____。

（太……了）

6. 明天高考成绩就要出来了，_____。

(七上八下)

三、根据课文内容完成对话

Make a dialogue according to the text, using the words given below.

参考词语：息息相关　哭笑不得　吉祥　幸运
　　　　　难怪　宁可　无人问津

A: 我听说很多中国人最喜欢的数字是8，是这样吗？
B: 没错，8最受欢迎了……
A:
B:
A:
B:
……

四、讲述 Give an account of...

在中国最受欢迎的几个数字分别是什么？为什么？

五、成段表达（尽量使用本课词语功能表达）

Discourse expression. (Try to use the function and expressions of this lesson.)

你对幸运数字、吉利或不吉利的数字和号码的看法。

跨文化对话
Cross-cultural Dialogues

（一位留学生回到他的宿舍，他的同屋正在和一个中国朋友聊天儿。）

麦克：你怎么气喘吁吁的？

武男：等等，让我喝口水喘口气。（喝水）唉，别提了，电梯坏了，我是爬上来的。累死我了，这可是15楼啊！

麦克：嗨，你不是总说要减肥吗？今天正好。再说，才12层楼，你一个大小伙子，不至于吧？

武男：谁说12层？明明是15层呀，这不是写着1507吗？

麦克：我们这座楼没有4层、14层和13层。

武男：咦？这我倒没注意。是真的吗？

赵自强：他说得没错。你们知道为什么没有这几层吗？

武男：我知道，中国人不喜欢"4"这个数字，因为发音和"死"差不多，在日本也一样。不过为什么没有14呢？

赵自强：因为人们念号码时常常把"1"念成yāo，听起来很像"要"，14读出来像"要死"，当然没人喜欢。

麦克：那13呢？没听说中国人讨厌13呀。

赵自强：现在学英语的人都知道13在西方社会不受欢迎，来中国的外国人越来越多，于是也能不用就不用了。

麦克：中国人不喜欢"4"吗？可是前两天我和一位中国朋友去他父母家做客，我选了三样水果作礼物，他却说最好是四样，成双成对。而且，他妈妈的拿手菜是四喜丸子，他们一个劲儿地劝我多吃，说是这菜名吉利呢。

赵自强：你们说的都没错，"4"的发音有时候让人有不好的联想，可是因为是双数，有时候也会变得很吉利，像"四喜丸子"

这个菜名就是这样。中国人对"4"应该是又爱又恨吧。

麦克:说起菜,我还真饿了,我们叫外卖吃吧。麦当劳的外卖电话是4008多少来着?

赵自强:4008517517。你怎么总是记不住啊。这样吧,我教你一个办法,包你忘不了!

麦克:哦? 什么好办法?

赵自强:你不是爱吃麦当劳吗,你这么想,4008后面是"我要吃我要吃"。

麦克:这主意不错,有趣又好记。

赵自强:再告诉你一个有用的号码,上海的美食热线是57575777,你能猜出来是什么意思吗?

麦克:是不是"我吃我吃我吃吃吃"?

赵自强:没错,你太聪明了,这么快就能举一反三了!

麦克:哪里哪里,是你的办法好。

赵自强:咦? 你怎么也这么谦虚了?

麦克:入乡随俗嘛!

实用词语
Useful Words and Expressions

1. 气喘吁吁 qìchuǎn xūxū		wheezy	很快很重地喘气
2. 减肥 jiǎn féi		lose weight	有意减少体重
3. 讨厌 tǎoyàn	动	dislike	十分不喜欢
4. 成双成对 chéngshuāng chéngduì		come in pairs	每两个为一组,双数的
5. 拿手 náshǒu	形	be good at	做得好,善于
6. 丸子 wánzi	名	meat-ball	主要由肉类做成的球状食品
7. 外卖 wàimài	名	take-out	打电话购买饭菜,饭店派人送到指定地点

8. 热线 rèxiàn	名	hotline 为了便于马上联系而经常准备着的直接连通的电话线路
9. 举一反三 jǔyī-fǎnsān		learn more than taught 学习之后可以自己类推出更多
10. 谦虚 qiānxū	形	modest 不自满,不骄傲
11. 入乡随俗 rùxiāng-suísú		when in Rome, do as the Romans do 按照当地的风俗行事

功能与表达 Function and Expressions

功能二:感叹语气

表达:

唉
嗨
咦
哦
啊
哎呀

例句:

1. 唉,北京队又输了。
2. 嗨,怎么回事儿?又停电了?
3. 咦?你不是说要买东西吗?怎么还没去?
4. 哦,老师要来参加我们的晚会?
5. 啊,真冷啊!
6. 哎呀,带错课本了。

语言点例解 Language Points

◆ 别提了

说明：表示程度太深，不能细说。

例句：1. 他汉语水平考试考过了六级，那高兴劲儿就别提了。

2. 别提了，今天一件事也没办成。

◆ 不至于吧

说明：表示不会发展到某种地步。"不至于"后可带动词结构。

例句：1. A：好冷啊，冻死我了！

B：不至于吧，今天最高气温有20度呢。

2. A：今天的作业太多了！我可能写不完了。

B：不至于写不完吧，我看一个半小时应该差不多了。

◆ ……来着

说明：用在句末，表示询问曾经发生过什么事情，句中有"什么、谁、怎么"等疑问词。多用于口语。

例句：1. 他叫什么名字来着？

2. 这个汉字怎么写来着？

一、词语扩展：将下列词语扩展成短语

Expand the following words into phrases.

讨厌 ① ② ③

拿手 ① ② ③

谦虚 ① ② ③

第五课　七上八下

二、用指定词语完成句子或对话

Complete the following sentences /dialogues with the words or structures given.

1. 我又忘了,_____?
（……来着）

2. 刚才教室外面太吵了,我没听清楚你的话,_____
_____?
（……来着）

3. 早就听说这个公园是恋人们常来的地方,_____
_____。
（成双成对）

4. A：听说你上午去医院了,哪里不舒服吗?
   B：_____。
（别提了）

5. A：今天晚饭你怎么吃得这么少?
   B：_____。
（讨厌）

6. A：怎么还不上菜?我都饿死了!
   B：_____。
（不至于吧）

三、语段表达：填写并复述下列短文

Discourse expression: Fill in the blanks and retell the paragraph.

　　我听说,中国人不喜欢"4"这个数字,因为发音和_____差不多,在日本也一样。不过中国人为什么不喜欢"14"呢?这是因为,人们念号码时常常把"1"念成_____（拼音）,听起来很像_____,"14"读出来像_____,当然没人喜欢。可是前两天我和一位中国朋友去他父母家做客,我选了三样水果作礼物,他却说最好是四样,_____。而且,他妈妈的拿手菜是四喜丸子,他们一个劲儿地劝我多吃,说是这菜名_____呢。原来,"4"的发音有时候让人有不好的_____,可是因为是_____,有时候也会变得很吉利,像"四喜丸子"这个菜名就是这样。中国人对

"4"的态度应该是＿＿＿＿＿＿＿＿吧。

四、讲述 Give an account of...

1至9的数字,在中国文化里可能都表示什么意思?

五、讨论(尽量使用本课词语功能表达)

Discuss. (Try to use the function and expressions of this lesson.)

特意选择吉利数字(号码)或避免不吉利数字(号码)有意义吗?

六、话题交际 Make a dialogue on the topic below.

分组对话:介绍你们国家最受欢迎和不受欢迎的数字并说明原因。

七、实战演练 Situational communication.

假设你是一个中国人,去外国旅行。到一家宾馆住宿时,前台的工作人员给你的房间是"1414",你请他给你换一间。

实例分析 Case Study

2009年9月9日北京登记结婚的新人达到18979对

第五课　七上八下

　　据报道,2009年9月9日北京市结婚登记的新人达到18979对,创北京市单日结婚登记历史新高,超过2008年8月8日的15646对。

　　分析:为什么很多人选择在2009年9月9日这一天登记结婚?
　　分享:你们国家的年轻人选择结婚日期有讲究吗?

第六课
Lesson 6

行万里路
Travel Around

热身话题　Warm-up Questions

1. 你去过中国哪些地方？
2. 那些地方是以什么特色而闻名的？

功能：可能

十有八九
弄不好
说不定

　　来中国留学，我最大的乐趣就是旅行，一有机会我就出去走走看看，真是大开眼界。

　　我比较喜欢自助游，经济实惠，又可以随心所欲地改变行程，而且十有八九会得到热心人的帮助，同时也能提高汉语水平。上次我就从一个中国人那里学到一个词，叫"驴友"，和"旅游"发音很像，意思就是背包自助旅行者。

　　一般来说，旅途都很

愉快,不过弄不好偶尔也会出现意外的情况。有一次,我和一个朋友一起去旅行,在网上订好了房间。可到宾馆前台办手续时才发现,我们没有带护照的原件,他们不收复印件!最后,还是我急中生智,打电话给在这个城市留学的朋友,请他用他的护照开了房间,然后我们偷偷溜进去,这才洗上了热水澡。

去各地旅行,我还发现中国的方言真是太丰富了。这说不定你也听说过。以前听一位老师说,她是北方人,和一直生活在南方的公公婆婆聊天儿时需要丈夫做翻译。当时还觉得有些夸张,现在才相信。很多地方的方言,我一句话,不,一个字也听不懂。

中国有句俗话说"百闻不如一见",这句话很有道理。别人的介绍再清楚,也不如亲身体会。再说,有些东西是文字、语言都无法形容的。

实用词语
Useful Words and Expressions

1. 大开眼界 dàkāi-yǎnjiè		enlarge horizon	大大打开了眼界
2. 自助 zìzhù		self-help	自己动手为自己服务
3. 驴友 lǘyǒu		donkey friend	自助背包旅游者
4. 手续 shǒuxù	名	procedure	办事的规定程序
5. 原件 yuánjiàn	名	original document	原来的文件,相对于"复印件"
6. 复印 fùyìn	动	copy, xerox	用复印机重印
7. 急中生智 jízhōng-shēngzhì		find a way in emergency	在危急的时候想到了办法
8. 溜 liū	动	sneak	偷偷地走进或走出
9. 夸张 kuāzhāng	形	exaggerate	夸大
10. 体会 tǐhuì	动	realize, understand	体验,领会

功能与表达 Function and Expressions

功能一：可能

表达：

　　十有八九

　　弄不好

　　说不定

　　没准儿……

　　有可能……

例句：

　　1. 十有八九上海队赢。

　　2. 弄不好这次HSK六级又通不过。

　　3. 说不定能申请到奖学金。

　　4. 没准儿同屋已经睡着了。

　　5. 公司有可能下个月派我去香港出差。

语言点例解 Language Points

◆ 偷偷

说明：副词。"偷偷+动词结构"表示故意在别人不知道的情况下做。

例句：1. 我不喜欢上体育课，就偷偷跑回家去了。

　　　2. 今天早上我上课迟到了，趁老师不注意，偷偷溜进了教室。

◆ 再……也不如……

说明："A再+形容词/动词结构+也不如B"强调A无论如何比不上B。

例句：1. 你再好看也不如明星漂亮。

　　　2. 小孩子再努力也不如大人游泳游得快。

◆ 再说

说明：多用于连接小句，表示进一步补充说明。

例句：1. 我没有时间，再说也没有钱去那么多地方旅游。

2. 我刚来中国，再说，汉语也不太好，所以生活上有一些困难。

一、词语扩展：将下列词语扩展成短语

Expand the following words into phrases.

自助 ①　　　　　　②　　　　　　③

夸张 ①　　　　　　②　　　　　　③

复印 ①　　　　　　②　　　　　　③

溜　 ①　　　　　　②　　　　　　③

二、用指定词语完成句子或对话

Complete the following sentences/dialogues with the words or structures given.

1. 小皮上课迟到了，他_____。

（偷偷）

2. 我们学校食堂的饭菜味道还比较好吃，不过_____
_____。（再……也不如……）

3. 我觉得最好的季节是春天，_____。

（再……也不如……）

4. A：昨天你怎么没和我们一起去参加小李的生日聚会？

B：_____。

（再说）

5. A：你不打算接这个工作吗？

B：是呀，_____。

（弄不好）

6. 妈妈让我带上雨伞,她说今天_____。

(十有八九)

三、根据课文内容完成对话

Make a dialogue according to the text, using the words given below.

参考词语:宾馆　预定　护照　原件　复印件　溜　只好　偷偷

A: 听说你们上次旅行时遇到了点儿麻烦?

B: 别提了,我们……

A:

B:

A:

B:

……

四、讲述:Give an account of...

在中国住宾馆时要带什么?除了课文提到的,还有什么是应该注意的?

五、成段表达(尽量使用本课词语功能表达)

Discourse expression. (Try to use the function and expressions of this lesson.)

在你们国家旅游时要注意什么?必须带什么?

第六课　行万里路

跨文化对话
Cross-cultural Dialogues

功能：改变话题

对了，……
说到这儿，我想起……
咱们还是回到……上去吧

老师：这次"黄金周"，大家出去旅行了吗？去了的同学请讲一讲你的经历。

麦克：旅游是我最大的爱好，能到处走走，亲身感受一下当地的风土人情，又对学汉语有帮助，一举两得。这次有七天的假期，我当然不会放过这个大好机会！我去了广西桂林，因为早就听说"桂林山水甲天下"，想亲眼看一看。

武男：对了，我来北京以前在杭州上过学，杭州的人都说"上有天堂，下有苏杭"，那不就是说苏州和杭州最美吗？

民秀：对呀，我也听说过西湖，我的朋友告诉我说中国最美的地方要数西湖了。老师，到底哪里的风景最美呀？

老师：这两种说法都有，说到哪里最美，其实是没有标准答案的。风景各有千秋，人们各有所好。

景子：说到这儿，我想起人民币的纸币背面就是中国人最喜欢的名胜古迹吧，20元的背面是桂林山水，一元的背面是杭州西湖。

伊莎贝拉：虽然入选纸币图案的都是著名的名胜古迹，可是新版的纸币背面并没有

长城，这也不能说明长城不够著名呀。

敏姬：对，我看过一个大型调查——世界眼中的中国，有21％的外国人选择长城作为"最能代表中国的事物"。

丽琳：咱们还是回到旅游上去吧。（对雷奥）你不是在暑假"走遍中国"了吗？你最有发言权。

雷奥：哪里哪里，中国这么大，怎么可能走遍呢。比起风景，我更感兴趣的是风土人情，我喜欢和遇到的人聊天儿。这次我去了几个比较有代表性的地方，其中最有意思的是我用了三种不同的货币，听到了三种不同的方言，看到两种形式的汉字，办了三种签证，可是我始终没离开中国。你们能猜出我去了哪几个地方吗？

文强：办了三种签证，你一定去了香港、澳门，还有台湾！

雷奥：没错，港澳台我都走了一圈。

武男：太不可思议了！他们用的钱、说的话都不一样，可又都是中国人！对了，老师，您是北京人，如果您去这些地方，和当地人交流会有问题吗？

老师：香港人、澳门人说的是广东话，别说你们刚开始学汉语，就是我也听不懂。不过，现在这不是个大问题，很多香港人都在学普通话，可能他们不会说普通话，但至少能听懂。

实用词语
Useful Words and Expressions

1. 风土人情 fēngtǔ rénqíng　　basic conditions of a place, like climate and custom　一个地方的自然环境和风俗习惯等基本情况

2. 一举两得 yìjǔ liǎngdé　　kill two birds with one stone　做一件事，得到两个好处

3. 甲 jiǎ	名	the first　第一,中国传统的顺序词。常用的前四个是甲、乙、丙、丁
4. 各有千秋 gèyǒu-qiānqiū		six of one, half a dozen of other　各有各的优点
5. 纸币 zhǐbì	名	bank note　纸的货币
6. 名胜古迹 míngshèng gǔjì		place of interest　有名的风景区或古代留下来的遗迹
7. 入选 rùxuǎn	动	be selected　被选中
8. 新版 xīnbǎn	名	new edition　书、货币等的新版本
9. 发言权 fāyánquán	名	right to speak　发表意见的权利
10. 货币 huòbì	名	currency　钱
11. 签证 qiānzhèng	名	visa　去别的国家或地区需要办理的书面许可
12. 始终 shǐzhōng	副	all the time　一直,从头到尾
13. 猜 cāi	动	guess　用推想的方法找出正确答案

功能与表达
Function and Expressions

功能二：改变话题
表达：
　　对了,……
　　说到这儿,我想起……
　　咱们还是回到……上去吧
　　我们先不谈……,还是说……
　　哎,我忘了问……

例句：

1. 对了,上次你说的那件事办得怎么样了?
2. 说到这儿,我想起老师曾给我们介绍过云南的情况。
3. 咱们还是回到刚才讨论的话题上去吧。
4. 我们先不谈明天的安排,还是说说今天下午去什么地方吧。
5. 哎,我忘了问对方的联系方式是什么?

语言点例解 Language Points

◆ 数

说明:动词。读第三声。表示计算起来、比较起来(最突出的)。如:数一数二,倒数第一。

例句:1. 在我们班数他数学最好。
2. 动物园里最可爱的动物要数大熊猫了。

◆ 比起……,……更……

说明:表示两者比较,后者在程度上更深。

例句:1. 比起四川菜,我更喜欢吃上海菜。
2. 比起北方,中国南方的气候更温暖。

◆ 别说……,就是……也……

说明:"别说A,就是B也+否定意义的结构"表示用对比的形式强调某事的难度极大,B做不到,A当然更不行。

例句:1. 别说小孩子,就是大人也不一定认识这个字。
2. 别说普通人,就是专业人士也很难做好。

辨析:"别说……,就是……也……"和"比起……,……更……""比起……,……更……"仅仅是比较;而"别说……,就是……也……"是用对比的形式强调某事的难度极大。

一、词语扩展：将下列词语扩展成短语

Expand the following words into phrases.

入选 ①　　　　　②　　　　　③
签证 ①　　　　　②　　　　　③
始终 ①　　　　　②　　　　　③
猜　 ①　　　　　②　　　　　③

二、用指定词语完成句子或对话

Complete the following sentences /dialogues with the words or structures given.

1. 中国最有名的动物_____。

（数）

2. A：这次的HSK考试，你有信心考过五级吗？
   B：_____。

（别说……，就是……也……）

3. A：你常常坐飞机还是坐火车回老家？
   B：_____。

（比起……更……）

4. A：南方人和北方人比，哪里的人更喜欢面食？
   B：_____。

（比起……更……）

5. A：这次运动会你能报名跑三千米吗？
   B：_____。

（别说……，就是……也……）

6. A：古人说，"读万卷书，行万里路"。旅游可以增长见识，加深对当地文化的了解。
   B：_____。

（一举两得）

三、语段表达：填写并复述下列短文

Discourse expression: Fill in the blanks and retell the paragraph.

我的梦想是走遍中国,虽然中国这么大,不可能真的走遍。这个暑假我到了不少地方,长了不少见识。_____风景,我更感兴趣的是_____。我喜欢和遇到的人聊天儿。这次我去了几个比较有代表性的地方,其中最有意思的是我用了三种不同的_____,听到了三种不同的_____,看到两种_____,办了三种_____,可是我始终没离开中国。你们能猜出我去了哪几个地方吗？我去了香港、澳门、还有台湾！太_____了！他们用的钱、说的话都不一样,可又都是中国人！

四、讲述 Give an account of...

一次难忘的旅行。

五、讨论（尽量使用本课词语功能表达）

Discuss. (Try to use the function and expressions of this lesson.)

"在家千日好,出门一日难""穷家富路"是两个与旅行有关的俗语,弄懂它们的意思,再说一说你赞同这两句话吗,为什么？

六、话题交际 Make a dialogue on the topic below.

分组对话：你的朋友要来中国看你,他是第一次来,根据你的经验提醒他应该注意的事情。

七、实战演练 Situational communication.

你想利用中秋节和周末连休去上海玩儿,在售票处买往返车票。你周四12:00下课,下周一早8:00上课。

售票员：……

旅　客：……

……

第六课　行万里路

车次显示：	动车组(D)	特快(T)	普通(数字)				
车次	开车	到达	运行	硬座	硬卧	软座	软卧
D321	21:15 北京 (北京)	7:22 上海 (上海)	10小时7分钟 1463公里	￥327	---	---	￥730
D305	21:40 北京 (北京)	7:52 上海 (上海)	10小时12分钟 1463公里	￥327	---	￥409	￥730
D313	21:20 北京 (北京)	7:32 上海 (上海)	10小时12分钟 1463公里	￥327	---	￥327/二等	￥730
D301	21:35 北京 (北京)	7:47 上海 (上海)	10小时12分钟 1463公里	￥327	---	￥409/一等 ￥327/二等	￥730
D307	21:30 北京 (北京)	7:42 上海 (上海)	10小时12分钟 1463公里	￥327	---	￥409/一等 ￥328/二等	￥730
T103	22:09 北京 (北京)	11:09 上海 (上海)	13小时 1463公里	￥179	￥327	---	￥499
D31	11:05 北京南 (北京)	20:57 上海 (上海)	9小时52分钟 1463公里	￥327	---	￥409/一等 ￥327/二等	---
T109	22:15 北京 (北京)	11:33 上海 (上海)	13小时18分钟 1463公里	￥179	￥327	---	￥499
1461	11:57 北京 (北京)	10:40 上海 (上海)	22小时43分钟 1463公里	￥88	￥190	---	---
T281	22:14 北京西 (北京)	12:58 上海南 (上海)	14小时44分钟 1467公里	￥179	￥327	---	￥499
T284	22:14 北京西 (北京)	12:58 上海南 (上海)	14小时44分钟 1467公里	￥179	￥327	---	￥499

实例分析
Case Study

云南省简称"云"或"滇",四季温暖如春,是中国少数民族最多的地区,全省有52个民族。主要景区有昆明、大理、丽江、香格里拉、梅里雪山、泸沽湖、西双版纳、腾冲等。据介绍,2008年,云南省旅游经济指标保持了两位数的增长,接待国内外旅游者超过1亿人次。

分析:为什么很多人想去云南看看?
分享:介绍一个你认为很值得去的地方。

望子成龙
Parental Expectations

热身话题 Warm-up Questions
1. 你听说过"计划生育""独生子女"吗?
2. 望子成龙是什么意思?

功能:无奈

不得已,……只能……
不……不行啊
又有什么办法呢?

中国人望子成龙,望女成凤的心理比较普遍。尤其在实行计划生育政策的现代中国,大部分家庭只有一个孩子,全家人的爱与关注都在这一个孩子身上。上名校的目标左右着这一代,特别是90后、00后的孩子。

竞争激烈的名校难进,不得已,家长们只能求助于各种补习班。于是出

英语培训班　　音乐培训班　奥数培训班

现了这样的场景：烈日炎炎下，小小的孩子背着大大的书包，奔忙在学校与补习班之间。补习让假期变成了"第三个学期"。不去不行啊。五花八门的假期补习班比天气还热。

天津曾对该市中小学生的书包重量做了调查，发现小学一年级孩子的书包重3公斤左右，而六年级孩子的书包已经超过6公斤；初一学生的书包重达9公斤。那高中生的书包得有多重啊？真让人不敢想！但又有什么办法呢？

其实，教育部门也做了很多努力，比如2008年开始，教育部规定艺术课时不少于总课时的9%，并逐渐提高体育在升学成绩中所占的比重等等。还采取了各种具体的减负措施，包括规定作业量等。"应试教育"正在向"素质教育"转变，人们都拭目以待。

实用词语
Useful Words and Expressions

1. 凤 fèng	名	phoenix	传说中的神鸟，有时用来代指优秀的女性，与"龙"相对
2. 关注 guānzhù	动	concern	关心，注意
3. 左右 zuǒyòu	动	affect, dominate	影响，控制
4. 竞争 jìngzhēng	动	compete	相互比赛，争胜
5. 激烈 jīliè	形	fierce	剧烈，形容程度非常高
6. 烈日炎炎 lièrì yányán		sweltering hot	阳光很强，气温很高
7. 五花八门 wǔhuā-bāmén		all kinds of	多种多样
8. 超过 chāoguò	动	over, more than	数量多于或质量好于
9. 规定 guīdìng	动	stipulate	制定需要遵守的规则
10. 升学 shēng xué		go to a school of a higher grade	上高一级的学校

11. 减负 jiǎn fù		reduce burden 减轻负担
12. 素质 sùzhì	名	accomplishment, culture 素养,修养
13. 拭目以待 shìmùyǐdài		looking forward to better future 擦擦眼睛,期待看到人或事物有更好的发展

功能与表达 Function and Expressions

功能一：无奈

表达：

不得已,……只能……

不……不行啊

又有什么办法呢?

A 就 A 吧

拿……没办法

例句：

1. 雾太大,不得已,飞机只能延迟起飞。

2. 大家都参加辅导班,我们不参加不行啊。

3. 又有什么办法呢? 公司里的人都很忙,我也不能闲着呀。

4. 贵就贵吧,没有其他合适的房子,就租这套吧。

5. 孩子不爱去幼儿园,父母也拿他没办法。

语言点例解 Language Points

◆ 尤其

说明：副词。表示更进一步,强调某一范围内的一个或一部分程度特别高,多用在小句主语前,有时候也用在形容词前。

例句：1. 我们班同学知道新开了书法选修课都很高兴,尤其我同桌,兴奋得不得了。

2. 这个城市的夏天常常下雨，六月尤其潮湿。

近义表达：特别（多用于口语）

◆ ……比……还……

说明："A+（动词结构+）比B还+形容词"表示A和B都有某种特点，A的程度更深，A后可加动词性结构，强调某个方面。

例句：1. 这个小女孩儿长得比哥哥还高。（哥哥已经很高，小女孩儿更高。）

2. 我弟弟打篮球打得比我还好。（我打得很好，弟弟打得比我更好。）

◆ 所

说明："所+动词"多用于书面或较正式场合，"所+动词+的"构成名词性结构。

例句：1. 他所问的都是老百姓最关心的问题。

2. 这个人所做的和所说的都不一样。

一、词语扩展：将下列词语扩展成短语

Expand the following words into phrases.

左右 ①　　　　　　②　　　　　　③
关注 ①　　　　　　②　　　　　　③
竞争 ①　　　　　　②　　　　　　③
激烈 ①　　　　　　②　　　　　　③

二、用指定词语完成句子或对话

Complete the following sentences/dialogues with the words or structures given.

1. 小朋友都喜欢吃点心，_____。（尤其）

2. 昨天已经很热了,没想到＿＿＿＿＿＿＿＿＿＿＿＿。(比……还……)

3. A:外语课在你们的课程中重要吗?

　　B:＿＿＿＿＿＿＿＿＿＿＿＿＿＿＿＿＿＿＿＿。(所)

4. A:奥运会会给中国带来什么样的改变呢?

　　B:＿＿＿＿＿＿＿＿＿＿＿＿＿＿＿＿＿＿＿。(拭目以待)

5. A:你看过首都博物馆的北京民俗展览吗?

　　B:＿＿＿＿＿＿＿＿＿＿＿＿＿＿＿＿＿＿＿。(五花八门)

6. A:你为什么一个人做这么多工作?

　　B:＿＿＿＿＿＿＿＿＿＿＿＿＿＿＿＿＿＿＿。(不得已)

三、根据课文内容完成对话

Make a dialogue according to the text, using the words given below.

参考词语: 减负　　竞争　　激烈　　升学　　关注
　　　　　不得已　尤其　　比……还……　　不……不行啊

A: 中国的小学生好像负担挺重的?

B: 可不是嘛,……

A:

B:

A:

B:

……

四、讲述 Give an account of...

讲一讲你了解的中国孩子的教育情况。

五、成段表达(尽量使用本课词语功能表达)

Discourse expression. (Try to use the function and expressions of this lesson.)

你的小学生活及你对小学生活的感受和印象。

这是不是说,……
……,是这样吧。
还真是……

老师:我给大家读一段新闻:上海市公布的《2008年上海人口概况》显示,上海人口连续16年负增长,多年来一直增长较快的外来人口去年也首次出现新增量减少。

雄柴:这是不是说,上海人口开始减少了?上海是中国人口最多的城市,人口开始减少应该算是好消息吧。

老师:也有报道说,上海的相关领导希望符合条件的家庭生两个孩子,因为目前上海很多人选择只生一个,甚至不打算在近期生育孩子。

丽琳:中国不是实行计划生育政策吗?第一次听说政府还希望符合条件的人生第二个孩子。

卡佳:中国人一直认为"多子多福",以前,很多家庭都有不少孩子,是这样吧。

秀丝：现在人们想法不同了，最近全球的失业率都这么高，养儿防老变成了养儿"啃老"。

民秀：韩国人可能比中国人更依赖父母。韩国男孩子都要服两年多的兵役，还有一些人在大学期间出国留学，因此大学毕业时将近三十岁的大有人在。在这之前当然由父母负担学费、生活费，连结婚的钱也是父母帮助准备，所以父母负担很重，还真是不愿意多生孩子了。

雄柴：泰国有些年轻人不懂事，辛苦的、赚钱少的工作不愿意做，宁可闲在家里由父母照顾。

伊莎贝拉：欧洲大部分国家福利很好，生孩子不必担心养不起不说，还可以补贴家用。

麦克：在美国，幼儿园都是私立的，所以比较贵，但是从学前班开始，公立学校就提供免费教育，直到高中毕业。大学学费私立的要比公立的贵一两倍，对家长来说是很大一笔钱。不过有不少奖学金、助学金、贷学金可以申请。

汉娜：在德国，大学是免费的，这也是德国大学吸引留学生的原因之一。据我所知，中国实行九年制义务教育，那么，家长养一个孩子需要花很多钱吗？

老师：据计算，把一个00后的孩子抚养到大学毕业，费用将近五十万。抚养孩子的费用、时间、精力包括压力，都是让年轻夫妇望而却步的原因吧。

实用词语
Useful Words and Expressions

1. 概况 gàikuàng　　名　　survey　大概的、基本的情况
2. 负 fù　　形　　minus　小于零的
3. 相关 xiāngguān　　动　　relate　有关系
4. 符合 fúhé　　动　　accord with　与……一致，满足某种要求
5. 失业率 shīyèlǜ　　名　　unemployment rate　失业人口的比率
6. 兵役 bīngyì　　名　　military service　在军队中服务
7. 大有人在 dàyǒu-rénzài　　there are a great number of such people　（这样的）人有很多
8. 负担 fùdān　　动　　burden, afford　承担费用
9. 补贴 bǔtiē　　动　　subsidize　因为某些原因给额外的钱
10. 私立 sīlì　　形　　private　私人开办的（学校），相对于"公立"
11. 贷学金 dàixuéjīn　　名　　loan for the purpose of education　政府或银行借给学生，帮助他们完成学业的钱
12. 抚养 fǔyǎng　　动　　foster　养育（孩子）
13. 压力 yālì　　名　　pressure　经济或精神上的负担
14. 望而却步 wàng'érquèbù　　flinch　知道困难，所以放弃了

功能与表达
Function and Expressions

功能二：确认
表达：
　　这是不是说，……
　　……，是这样吧。
　　还真是……
　　本来嘛，……

谁说不是呢！……

例句：
1. 这是不是说，年轻人更喜欢用手机短信交流？
2. 在中国，很多年轻人给老人让座，是这样吧？
3. 他的汉语还真是跟中国人差不多。
4. 本来嘛，朋友之间就是应该互相帮助。
5. 谁说不是呢！只要付出，就一定有回报。

语言点例解 Language Points

◆ 甚至

说明：副词。表示程度很深或很高，强调突出的事例。

例句：1. 这是他最喜欢的菜，他甚至说，有这个菜，就不用吃主食了。
      2. 在中国，没有人不认识这位明星，甚至小孩子都知道他。

◆ 宁可

说明：连词。表示比较两方面后做出的选择。有时上文有"与其"，下文有"也不"。

例句：1. 我宁可一辈子不结婚，也不想嫁给一个奇怪的人。
      2. 周末的城里到处都是人，与其出去逛街，我宁可在家睡觉。

近义表达：宁愿

◆ ……不说，还……

说明：多用于口语。与"不但……，还……"的意思相近。

例句：1. 今天的运气真不好，早上塞车，上班迟到不说，还把钱包丢了。
      2. 真不知道当时我怎么会买了这个包，放的东西少不说，颜色还难看。

一、词语扩展：将下列词语扩展成短语
Expand the following words into phrases.

负　①　　　　②　　　　③
抚养　①　　　　②　　　　③
符合　①　　　　②　　　　③
负担　①　　　　②　　　　③
压力　①　　　　②　　　　③

二、用指定词语完成句子或对话
Complete the following sentences /dialogues with the words or structures given.

1. 我用了所有想得到的办法，_____，也没能让他加入我们公司。（甚至）
2. _____，也不会和老张合作。（宁可）
3. 这次考试太难了，_____。（……不说，还……）
4. 我不想去看那个电影了，听说_____。（……不说，还……）
5. A：这个项目你们决定放弃了吗？
   B：_____。（望而却步）
6. A：现在学校都说要给学生减负，还有人上补习班吗？
   B：_____。（大有人在）

三、语段表达：填写并复述下列短文
Discourse expression: Fill in the blanks and retell the paragraph.

有报道说，上海的相关领导希望_____的家庭生两个孩子，因为目前上海_____选择只生一个孩子，_____不打算在近期生育孩子。到目前为止，中国

_____ 计划生育政策已经超过三十年,第一次听说政府还希望符合条件的人生第二个孩子。本来中国人一直认为_____,可现在人们的想法和以前不同了。最近的经济不景气,全球的_____都这么高,使得_____变成了养儿"啃老"。据计算,现在把一个00后的孩子_____到大学毕业,费用将近50万。抚养孩子的费用、时间、精力包括压力,都是让年轻夫妇_____的原因吧。

四、讲述 Give an account of...

你们国家的年轻夫妇愿意生育孩子吗?为什么?

五、讨论(尽量使用本课词语功能表达)

Discuss. (Try to use the function and expressions of this lesson.)

中国小学生的书包很重,而美国小学生每天背着几乎是空的书包去上学,带着在学校做的手工、作业回家。你们国家和哪个国家的情况更接近?你更喜欢哪一种形式?为什么?

六、话题交际 Make a dialogue on the topic below.

分组对话:你认为从经济的角度讲,养孩子是不是聪明的投资?

七、实战演练 Situational communication.

全班分为两组,抢答关于中国教育的题目,每组基础分为十分,答对加一分,答错减一分,得分多者为优胜组,可以要求另一组表演节目。

参考题目:
中国幼儿园是不是义务教育?
中国实行几年制义务教育?
小学/初中/高中/大学/硕士研究生/博士研究生学制分别为几年?
大专、中专是什么?
主管教育的政府部门名称是什么?
如果将来想当老师,要上什么大学?

实例分析 / Case Study

孩子：妈妈，今天我不想练琴了。
妈妈：那怎么能行？你马上就要参加考级了！
孩子：我不想参加考级。
妈妈：乖孩子，不考级就没有证书，那你怎么能升上好的中学呢？上不了好中学又怎么能上好大学呢？……

分析：很多父母对于让孩子参加考级有很大热情的原因可能是什么？
对策：你有什么办法可以让孩子不必那么辛苦吗？

欢度佳节
Let's Celebrate the Festival

热身话题　Warm-up Questions

1. 中国有哪些传统节日？
2. 你们国家或你的家乡有什么特色的传统节日？

功能：解释

……是指……
象征着……
表示……（的意思）

　　春节是中国人最重要的传统节日。传统意义上的春节是指从农历十二月二十三一直到正月十五。每当春节临近的时候，家家户户都高高兴兴地办年货、贴春联。到处都能让人感觉到节日的气氛。

　　对中国人来说，过春节很重要的一件事就是除夕的时候一家人团聚在一起吃年夜饭。年夜饭里鸡和鱼是不可少的。鸡象征着吉利，鱼表示年年有余。北方人过年还要吃饺子。有些人家包饺子时，常常将一两个红枣、花生或硬币包进去，据说，吃到那种饺子的人新的一年运气就会特别好。

　　过春节少不了丰富多彩的庆祝活动。年夜饭后，有的人习惯看春节联欢晚会；有的人喜欢出门放鞭炮；有的人忙着用手机短

跨文化汉语交际教程 I

信拜年,孩子们给长辈拜年还会收到压岁钱。此外,大年初一逛庙会也是不少人的选择。这些活动给人们带来了节日的欢乐。

现在有不少外国留学生想看看中国的春节,他们特意留在中国过年,逛逛热闹的庙会,看看传统的庆祝活动。春节正在产生越来越大的世界影响,近两年的中国农历新年,美国总统和英国首相都分别向全球华人拜年。也许,在不久的将来,春节会成为国际性节日。

实用词语
Useful Words and Expressions

1. 农历 nónglì	名	Chinese lunar calendar	中国旧式的历法,也叫阴历
2. 正月 zhēngyuè	名	the first month of the year according to Chinese lunar calendar	农历一月
3. 办年货 bàn niánhuò		buy goods for the Spring Festival	买庆祝春节需要的物品
4. 春联 chūnlián	名	couplet for the Spring Festival	春节时贴的对联
5. 除夕 chúxī	名	Chinese new year's eve	一年的最后一天
6. 团聚 tuánjù	动	reunite, family reunion	家人相聚在一起
7. 象征 xiàngzhēng	动	symbolize	用具体事物表示某种特殊意义

8. 枣 zǎo	名	Chinese date 一种可以食用的果实
9. 硬币 yìngbì	名	coin 金属制成的货币
10. 放鞭炮 fàng biānpào		light fire-cracker 点着鞭炮（庆祝）
11. 拜年 bài nián		say happy new year 祝贺别人新年快乐
12. 压岁钱 yāsuìqián	名	money people give to younger relatives, especially children 春节时长辈给小孩儿的钱
13. 庙会 miàohuì	名	temple fair 本来是在寺庙附近的集市，现在多是为庆祝新年举办的集会
14. 总统 zǒngtǒng	名	president 一些现代国家最高元首的称号
15. 首相 shǒuxiàng	名	prime minister 一些保留君主的现代国家的政府最高长官的称号

功能与表达
Function and Expressions

功能一：解释

表达：

……是指……

象征着……

表示……（的意思）。

……，即……

……也就是说……

例句：

1. 十一黄金周是指国庆节期间的长假。
2. 在中国，红色象征着好运、幸福、吉祥。
3. 点头一般表示同意。
4. 电脑即计算机，已经成为人们生活中不可缺少的物品。

5. 喜怒哀乐形于色,也就是说,高兴、生气、悲伤、快乐都表现在脸上。

语言点例解 Language Points

◆ 临近

说明:动词。表示接近某一时刻或地点。

例句:1. 临近高考,家长和考生们都很紧张。
　　　2. 这里临近大海,是个度假胜地。

◆ 给……带来……

说明:"给A带来B"。A、B都是名词性结构,"给"也可换作"为"。

例句:1. 收入的增加给人们带来了巨大的幸福感。
　　　2. 这场雪给圣诞节带来了更浓的节日气氛。

◆ 特意

说明:副词。表示为了某个目的专门做某事。

例句:1. 这是我特意为你做的汤,快尝尝吧!
　　　2. 我每年都会特意回老家去看望父母。

辨析:"特意"和"特地""特别"

"特意"和"特地"用法基本一样;"特别"可以做形容词,"特意"和"特地"不能。

第八课　欢度佳节

一、词语扩展：将下列词语扩展成短语

Expand the following words into phrases.

象征　①　　　　　②　　　　　③
特意　①　　　　　②　　　　　③
临近　①　　　　　②　　　　　③
团聚　①　　　　　②　　　　　③

二、用指定词语完成句子或对话

Complete the following sentences/dialogues with the words or structures given.

1. _____的时候，人们都忙着办年货。

（临近）

2. _____，可以很方便地买到生活用品。

（临近）

3. 网球比赛第一名_____。

（给……带来……）

4. 好久没下雨了，今天这场大雨_____。

（给……带来……）

5. A：你是顺便来通知我的吗？
   B：_____。（特意）

6. A：这件外套是妈妈给我准备的吗？
   B：_____。（特意）

三、根据课文内容完成对话

Make a dialogue according to the text, using the words given below.

参考词语：除夕　　办年货　　团聚　　象征　　拜年
　　　　　放鞭炮　　压岁钱　　逛庙会

A: 听说春节是中国人最重要的传统节日,怎么庆祝啊?
B: 一般说来,……
A:
B:
A:
B:
……

四、讲述 Give an account of...

请向你的朋友介绍一下春节期间的活动。

五、成段表达（尽量使用本课词语功能表达）

Discourse expression. (Try to use the function and expressions of this lesson.)

现在很多传统节日越来越商业化,你怎样看待这个现象?

老师：除了春节以外,中国还有哪些传统节日?没错,还有元宵节、清明节、中秋节。那你们国家都有哪些重要的传统节日呢?

第八课　欢度佳节

珍妮：我来给大家介绍一下美国的感恩节。感恩节是在1863年前后成为美国全国性节日的。当时的总统林肯，认为我们的国家得承认我们的罪，还有，从1620年前后到1863年，美国受到了庇护。所以，林肯提出感恩节是承认有罪同时又感谢上帝的节日。现在我们还有感谢的心理，但是很少有人承认自己或者国家有罪。感恩节那天我们要吃很多火鸡、看橄榄球比赛、睡大觉。

路易：你们一定听说过狂欢节，世界上不少国家都有这样的节日。狂欢节时，大家真的是狂欢，喝酒、唱歌、跳舞，特别开心。法国的狂欢节一般是在二月份，过节期间，每个城市都会有游行。有的城市，如巴黎，会因为游行而造成交通中断。法国东南部有个叫"尼斯"的城市，那里狂欢节的花车游行很有特色，就是花车上的姑娘不断地向游人扔鲜花。

武男：新年是日本最重要的节日，我们的新年是指12月31日到1月1日。跟中国的春节一样，日本人过新年时也很重视和亲友团聚。这期间主要的庆祝活动是这样的：一是家里人一起吃年夜饭。二是互相拜年。日本人喜欢用贺年卡拜年,现在也有人用电脑发送贺年卡。还有就是去神社祈祷新的一年家人平安、一切顺利。

萨沙:俄罗斯的新年有一个特别的活动,就是在除夕夜十二点时一定要开一瓶香槟酒,这是非常重要的。有人说,没有香槟酒,新年就不算是新年。

文翰:加拿大最重要的节日是圣诞节,和中国的春节差不多,也是一个家人团聚的日子。临近圣诞节,人们就开始准备圣诞礼物、装饰圣诞树。最兴奋的可能就是孩子们了,因为他们可以从圣诞老人那里得到礼物。我认为圣诞节主要表达的是爱和友谊。

老师:通过大家的介绍可以看出,有的节日是共有的,有的节日是某个地方特有的。但相同的是:节日为我们创造了与家人团聚的机会。

实用词语
Useful Words and Expressions

1. 感恩节 Gǎn'ēn Jié			Thanksgiving Day 美国、加拿大表示感恩的节日,美国在11月第四个星期四,加拿大在10月的第二个星期一
2. 罪 zuì		名	crime 严重的错误,违反法律的行为
3. 庇护 bìhù		动	asylum 保护使不受伤害
4. 心理 xīnlǐ		名	mind 想法
5. 火鸡 huǒjī		名	turkey 一种肉食禽类
6. 橄榄球 gǎnlǎnqiú		名	American football 美国式足球
7. 狂欢节 Kuánghuān Jié			Carnival 通常是基督教四旬斋前狂欢的节日,一般只限四旬节前几天
8. 游行 yóuxíng		动	parade 人们为了庆祝、示威等在街上结队行走的活动

9.	中断 zhōngduàn	动	break off	中途停止或断绝
10.	神社 shénshè	名	Japanese shrine	日本供奉神或英雄的地方
11.	祈祷 qídǎo	动	pray	向神祈求庇护或降福
12.	香槟酒 xiāngbīnjiǔ	名	champagne	一种常用来庆祝的白葡萄酒
13.	圣诞节 Shèngdàn Jié		Christmas Day	传说中耶稣基督的降生日，在每年的12月25日
14.	友谊 yǒuyì	名	friendship	朋友之间的感情

功能与表达
Function and Expressions

功能二：介绍情况

表达：

　　我来给大家介绍一下……

　　（那）就是……

　　……是这样的……

　　不是……而是……

　　有这么一种情况，不知你注意到没有？

例句：

1. 我来给大家介绍一下，北京是中国的首都，也是政治、经济、文化中心。
2. 要学好汉语一定要做到"四多"，就是多听、多说、多读、多写。
3. 这学期的课程安排是这样的，上午是语言课，有综合、口语、阅读、听力、写作，下午是选修课，有太极拳、剪纸、民族舞、HSK辅导等。
4. 环境问题不是一个城市、一个国家的事，而是全世界都应注意的。
5. 有这么一种情况，不知你注意到没有？有的中国人喜欢用"吃了吗"打招呼。

语言点例解 Language Points

◆ 期间

说明："动词/名词结构+期间"表示某个时期里。

例句：1. 我在留学期间交了很多来自世界各地的朋友。

2. 国庆节期间首都有不少庆祝活动。

◆ 一是……，二是……，还有……

说明：用于列举。

例句：1. 在这个城市建游乐园有几个原因，一是经济比较发达，二是这里是旅游城市，还有就是市场调查的结果表明，人们很赞成这个主意。

2. 今天会议的内容，一是总结今年的成绩，二是讨论明年的工作计划，还有选举最佳员工。

◆ 通过……可以看出，……

说明："通过+情况+可以看出+结论"表示根据某种情况可以得出某种结论。

例句：1. 通过这次调查可以看出，人们对政府的满意度有所提高。

2. 通过大家的反应，我们可以看出这次的计划很受欢迎。

一、词语扩展：将下列词语扩展成短语

Expand the following words into phrases.

期间 ① ② ③
中断 ① ② ③
庇护 ① ② ③
祈祷 ① ② ③
心理 ① ② ③

二、用指定词语完成句子或对话

Complete the following sentences /dialogues with the words or structures given.

1. 在今年的＿＿＿＿＿＿＿＿＿＿＿＿，我们学校举办了盛大的庆祝活动。　　　　　　　　　　　　　　　　　　　（期间）

2. A：您能给我介绍一下圣诞节的来历吗？
   B：＿＿＿＿＿＿＿＿＿＿＿＿＿＿＿＿＿＿＿＿＿＿＿。（是这样的）

3. ＿＿＿＿＿＿这次考试的成绩＿＿＿＿＿＿＿＿＿＿＿＿
   ＿＿＿＿＿＿＿＿＿＿＿。（通过……可以看出……）

4. A：您觉得这次的活动成功吗？
   B：＿＿＿＿＿＿＿＿＿＿＿＿＿＿＿＿＿＿＿＿＿＿＿。
   　　　　　　　　　　　　　　（通过……可以看出……）

5. A：这个项目你们决定放弃了吗？
   B：是啊，＿＿＿＿＿＿＿＿＿＿＿＿＿＿＿＿＿＿＿＿
   ＿＿＿＿＿＿＿＿＿＿。（一是……，二是……，还有……）

6. 这次买的新冰箱我非常满意，＿＿＿＿＿＿＿＿＿＿＿＿
   ＿＿＿＿＿＿＿＿＿＿＿。（一是……，二是……，还有……）

三、语段表达：填写并复述下列短文

Discourse expression: Fill in the blanks and retell the paragraph.

_____是美国的传统节日，这一天大家要吃_____，看_____。法国的_____比较有特色，这期间，每个城市都会有_____。日本最重要的节日是_____，主要活动一是_____，二是_____，还有_____。而对俄罗斯人来说，新年重要的活动之一是_____。加拿大的圣诞节主要是表达_____。

四、讲述 *Give an account of...*

各国的圣诞节有哪些不同？

五、讨论（尽量使用本课词语功能表达）

Discuss. (Try to use the function and expressions of this lesson.)

传统节日对于现代生活有怎样的意义？

六、话题交际 *Make a dialogue on the topic below.*

分组对话：在你们国家，最重要的节日是什么？人们怎么庆祝？

七、实战演练 *Situational communication.*

最近有什么中国的传统节日？采访中国人，弄清节日的来历，中国人一般怎么庆祝？去超市看看有什么相关的传统食品？

实例分析 Case Study

大家都知道,过年的时候要给亲朋好友拜年,拜年的时候要说吉利话,如:"新年快乐""吉祥如意""身体康健""大吉大利""恭喜发财""财源广进"……

分析:中国人拜年时的吉利话有什么特别之处吗?
分享:在你们国家,有哪些常用的吉利话?

旗袍与中山装

Traditional Chinese Clothing

热身话题　Warm-up Questions

1. 中国男性和女性的代表性服装分别是什么？
2. 在你们国家,有什么代表性的服装吗？

课文 Text

功能:解说概念

……被称为……
……就叫作……
……(常说的)……指的就是……

　　旗袍是中国妇女的代表性服装之一。旗袍原来是指满族人的服装,满族人又被称为旗人,所以他们的袍服就叫作旗袍。今天的旗袍完全不同于旧时旗袍的式样。现代的旗袍是受西方服饰影响,在吸收西洋服装的设计后,经过改良而逐渐形成的。新式旗袍比较合体,能够突出女性的曲线美。

　　中山装作为中国男子的代表性服装之一,受到很多人的喜爱。中山装式样比较简便,穿着舒适、实用,它结合了中式服装和西式服装的优点,它的特点体现在上衣有四个口袋。因为孙中山最早穿用,所以称为"中山装"。毛泽东主席经常穿中山装,

第九课　旗袍与中山装

因此常说的"毛式制服"指的就是中山装。中山装曾经是中国男子普遍的穿着。现在，样式、花色更为传统的唐装，也成为许多男士节日服装的新选择。

实用词语
Useful Words and Expressions

1. 旗袍 qípáo	名	cheong-sam	传统的中式女服
2. 满族 Mǎnzú	名	Manchu	居住在中国东北的少数民族，建立了清王朝（1616~1911）
3. 袍服 páofú	名	gown	中式的长衣服
4. 式样 shìyàng	名	style	样式
5. 服饰 fúshì	名	finery	服装与身上的装饰物
6. 吸收 xīshōu	动	absorb	把……并入、收入
7. 设计 shèjì	名	design	制定方法、图样等
8. 改良 gǎiliáng	动	amend	修改使进步
9. 合体 hétǐ	形	suitable for one's figure	穿在身上很合适
10. 曲线 qūxiàn	名	curve	身体的线条

11. 中山装 Zhōngshānzhuāng	名	Sun Yat-sen's uniform	由孙中山提倡而得名的服装
12. 穿着 chuānzhuó	名	apparel	服装,衣着
13. 舒适 shūshì	形	comfortable	感觉舒服

功能与表达
Function and Expressions

功能一:解说概念

表达:

　　……被称为……

　　……就叫作……

　　……(常说的)……指的就是……

　　所谓……,就是指……

　　……意思是说……

例句:

1. 手提电脑被称为"笔记本"。

2. 不能坚持学习,常常中断,就叫作"三天打鱼,两天晒网"。

3. 中国人常说的过年指的就是过春节。

4. 所谓"唐人街",就是指国外中国人聚居的地方。

5. "一天之计在于晨",意思是说早晨是一天中非常重要的时刻。

语言点例解 Language Points

◆ 不同于

说明:"不同于A,B……"表示B与A不同,后面一般接着说明不同之处。

例句:1. 不同于别的老师,张教授很少在课堂上提问。
2. 不同于其他城市,北京是中国的首都。

◆ 受……的影响

说明:"A受B的影响"表示B对A起作用。

例句:1. 小李对文学有浓厚的兴趣是受父母的影响。
2. 受金融危机的影响,全球经济情况不太乐观。

◆ 作为

说明:动词。"A作为B的……,……"表示由于某种关系或身份,A可以或应该对B做些什么。

例句:1. 作为你的上司,我有权利要求你更换工作地点。
2. 我作为你的老师,非常愿意帮助你进步。

一、词语扩展:将下列词语扩展成短语

Expand the following words into phrases.

改良 ①　　　　②　　　　③
吸收 ①　　　　②　　　　③
穿着 ①　　　　②　　　　③
设计 ①　　　　②　　　　③
舒适 ①　　　　②　　　　③

二、用指定词语完成句子或对话

Complete the following sentences/dialogues with the words or structures given.

1. 在外国,中国人聚居的地方往往_____。

（被称为）

2. 中山装_____。

（指的是）

3. _____,中国人在正式的场合会穿西装。

（受……的影响）

4. _____,我并不常常吃面食。

（不同于）

5. A: 现在的旗袍和清朝妇女穿的旗袍一样吗?

B: _____。

（不同于）

6. _____,看到你有困难当然要帮忙。

（作为）

三、根据课文内容完成对话

Make a dialogue according to the text, using the words given below.

参考词语:	旗袍	指的是	满族	样式
	曲线	穿着	改良	被称为

A: 中国女子的代表性服装叫什么,你知道吗?

B: 那叫旗袍……

A:

B:

A:

B:

……

四、讲述 Give an account of...

你在什么场合见过中国人穿旗袍或中山装、唐装？你会不会穿旗袍或唐装？为什么？

五、成段表达（尽量使用本课词语功能表达）
Discourse expression. (Try to use the function and expressions of this lesson.)

给老师和同学展示一件你最喜欢的衣服，或你穿着这件衣服的照片，说明它的特点及你喜欢的原因。

老师：现代社会，除了具有民族特色的传统服饰外，人们的衣着已经没有太大的差别了。尽管如此，我们还是能够发现其中的不同。大家<u>能否</u>介绍一下自己国家的穿衣习惯？<u>有</u>什么特别的讲究<u>吗</u>？你<u>怎么看</u>中国人的穿衣打扮？

景子：日本人喜欢朴素的美，所以衣服的颜色比较素。在我们看来，有些中国人穿的衣服颜色过于鲜艳。日本的传统服装是和服，现在的女性，一般只在新年、成人式、结婚、葬礼等场合才会穿。和服宽大舒适，不同于旗袍突出女性曲线美。还有，日本人认为穿和服露出脖子后面的部分很美。穿合适的衣服对于日本人来说也是一种礼貌，比如参加招聘面试时，一般要穿藏青色的西装，表示具有协作精神。

麦克：无论什么国家，男人穿的服装基本上都差不多：衬衫搭配裤子，不过女人的衣服就各式各样了。北京年轻人的穿着

跟美国没有太大的区别。美国人穿衣服注重舒适,通常比较随便,当然正式场合不能穿短裤,而且鞋子不能露出脚趾头。美国比较传统的服装应该是西装和长裙,一般只在重要的场合穿,比如毕业的时候,男生穿西装,女生穿长裙,大家看起来都很帅,很漂亮。

里卡多:在意大利,人们非常注重穿着,特别是正式场合,对服装的要求很高。意大利的时装潮流对全世界都有影响。虽然普通人买不起名牌服装,但也十分注意时装潮流,比如流行的颜色、裙子的长度。我们喜欢素色,不喜欢鲜艳的颜色。而且意大利人很注意服饰搭配,要是你的腰带是黑色的,你穿的鞋和背的包应该也是黑色的。当然也有一些年轻人穿衣比较随便。

秀丝:泰国因为天气很热,所以我们习惯每天换洗衣服,尽量避免连着两天穿同一件衣服。有时候我们看到有人连着几天穿同样的衣服会感觉有些奇怪。泰国女生习惯穿筒裙,穿连衣裙的不太多,可能是受传统服饰的影响。另外,泰国人认为黑色不吉利,因为参加葬礼的人才穿一身黑,所以我们很少穿黑色衣服。

老师：有些人穿衣讲究舒服，有些人穿衣讲究漂亮。可以说，穿衣能够反映一个人的审美。另外，穿衣服要特别注意身份和场合。比如上课的时候就不能穿得太随便。这既是对自己的尊重，也是对别人的尊重。

实用词语
Useful Words and Expressions

1. 朴素 pǔsù　　　　形　　austere　不浓艳，不华丽
2. 素 sù　　　　　　形　　(color) plain　颜色不鲜艳
3. 过于 guòyú　　　 副　　excessively　过分地
4. 鲜艳 xiānyàn　　 形　　colorful, bright　颜色亮丽
5. 葬礼 zànglǐ　　　名　　funeral　为去世的人举办的安葬、纪念仪式
6. 场合 chǎnghé　　 名　　occasion, situation　一定的时间、地点、情况
7. 招聘 zhāopìn　　 名　　advertise for　用公告的方式聘请
8. 藏青色 zàngqīngsè 名　navy blue　深蓝色
9. 协作 xiézuò　　　动　　collaborate　一起工作，合作
10. 搭配 dāpèi　　　动　　arrange in pairs or groups　按一定目的安排分配
11. 潮流 cháoliú　　名　　trend　流行的趋势
12. 反映 fǎnyìng　　动　　reflect　把事物的实质表现出来
13. 审美 shěnměi　　名　　taste for beauty　对于美的看法

功能与表达 Function and Expressions

功能二：询问

表达：

……能否……

有什么……吗？

……怎么看……

……(时间词)+怎么过的？

……(你看)好不好？

例句：

1. 你能否帮我一个忙？
2. 有什么不清楚的地方吗？
3. 你怎么看有些人追求名牌？
4. 这个暑假你怎么过的？
5. 我们把参观安排在下午，你看好不好？

语言点例解 Language Points

◆ 尽管如此

说明：表示虽然有这样的情况，结果不会改变。

例句：1. 父母都不愿意我出国，尽管如此，我还是决定留学。

2. 每年临近春节，火车票就很难买。尽管如此，我还是每年春节都回老家过年。

◆ 对于

说明：介词。"对于+对象"表示对待，用来介绍有关系的人或事物。

例句：1. 对于这个俗语，有两种不同的理解。

2. 留学的费用对于他们家，并不是问题。

辨析:"对于"和"关于"

"关于+范围/对象"可以做文章的标题,而"对于+对象"表示对待,一般不能做文章的标题。

◆ 无论……都……

说明:"无论+特殊/选择/正反疑问句,都+不变的结果"表示条件变化不会改变结果。

例句:1. 无论你学哪种专业,都要考虑自己的兴趣与能力。

2. 无论我们接受不接受,现实都是无法改变的。

3. 无论刮风还是下雨,我都坚持锻炼。

近义表达:不管……都……(多用于口语)

一、词语扩展:将下列词语扩展成短语

Expand the following words into phrases.

场合	①	②	③
搭配	①	②	③
协作	①	②	③
反映	①	②	③
过于	①	②	③

二、用指定词语完成句子或对话

Complete the following sentences /dialogues with the words or structures given.

1. 最近的天气不太好,_____。

(尽管如此)

2. _____,我没有什么意见。

(对于)

3. _____,你决定好了。
（对于）

4. A：如果你的女朋友不愿意去桂林你还会去吗？
   B：_____。
（无论……都……）

5. A：这件旗袍的花色你喜欢吗？
   B：_____。
（过于）

6. A：我不太了解民族服装，_____?（能否）
   B：没问题。我可以借给你几本这方面的书。

三、语段表达：填写并复述下列短文

Discourse expression: Fill in the blanks and retell the paragraph.

现代社会，除了具有民族特色的_____外，人们的衣着已经没有太大的差别了。_____，我们还是能够发现其中的不同。中国人穿的衣服的颜色比较_____。有些人穿衣_____舒服，有些人穿衣_____漂亮。可以说，穿衣能够反映一个人的_____。另外，穿衣服要特别注意_____。比如上课的时候就不能穿得_____，这既是对自己的尊重，也是对别人的尊重。

四、讲述 Give an account of...

最近流行的服装是什么样的？你喜欢最近的潮流吗？为什么？

五、讨论（尽量使用本课词语功能表达）

Discuss. (Try to use the function and expressions of this lesson.)

衣服舒适和衣服漂亮哪个更重要？

六、话题交际 Make a dialogue on the topic below.

分组对话：介绍你们国家的穿衣习惯和讲究。

七、实战演练 Situational communication.

请一名同学介绍自己国家的民族服装，其他同学根据他说的画出简图，由这名学生点评，并选出最好的。由画得最好的同学接着介绍自己国家的民族服装。

实例分析 Case Study

中国同学：你穿这么漂亮是要去哪儿啊？还拿着花？

留学生：我一个好朋友的爸爸今天过生日，他们邀请我去他家一起热闹热闹！

中国同学：就是说，你要去给老人祝寿喽？

留学生：没错。

中国学生：那你这样穿一身白就不合适了……

分析：为什么给老人祝寿不适合穿白色衣服？

分享：说说在你们国家某些颜色词的特殊含义。

第十课 Lesson 10

AA 制还是请客？
Who Will Pay the Bill?

热身话题 Warm-up Questions

1. 什么是 AA 制？
2. 你和朋友吃饭时，一般是一个人请客还是大家 AA 制？

功能：分析原因

因为……所以……
由于……因此……
……，因而……

请客在中国是一种较为普遍的交际方式。因为中国人比较含蓄，很多时候不好意思直接表达自己的感情，但饭桌上的轻松气氛能够使人说出自己的想法，所以请客吃饭有利于彼此沟通、增进感情。在中国，邀请别人吃饭，结账时却让客人花钱，这无论如何都让人感觉别扭。

不同于中国人习惯请客，在很多国家，和别人一起吃饭，结帐时通常采取 AA 制，就是各人付各人的。有学者分析其中的原因认为：由于历史上中国社会以农业为特征，人的流动性小，因此，一个人请客付钱，下次对方也会请他，这样交往就会继续下去。而在有的国家，人的流动性很强，因而适合彼此平分费用。

第十课　AA制还是请客？

请客在中国是一种常见的现象，大部分中国人都有过请客或被人请的经历。不过也有一些人，尤其是年轻人，受国外的影响，外出就餐采取AA制。

实用词语
Useful Words and Expressions

1. 含蓄 hánxù　形　implicit, avoiding direct or explicit mention of a topic　（思想、感情）不轻易表现出来
2. 彼此 bǐcǐ　代　each other　指双方互相
3. 沟通 gōutōng　动　communicate　用言语等交流，相互了解
4. 结账 jié zhàng　　settle accounts, pay bills　付钱
5. 别扭 bièniu　形　disagreeable, wretched　（令人）不舒服，不愉快
6. 采取 cǎiqǔ　动　adopt, take　使用（某种方法、措施）
7. 就餐 jiùcān　动　take a seat at the dinner table　吃饭

功能与表达
Function and Expressions

功能一：分析原因

表达：

由于……因此……

因为……所以……

……，因而……

之所以……是因为……

因……而……

例句：

1. 由于交通不发达，因此，这个地方的旅游业一直没有发展起来。
2. 他昨天因为生病，所以没来上课。
3. 这学期，小强非常努力，因而学习有很大的进步。
4. 之所以发生误会是因为双方不了解彼此的文化习惯。
5. 经理因能力强、办事公正而受到大家的尊敬。

语言点例解
Language Points

◆ 有利于

说明："有利于+人/事物"表示对人或事物有利，比较正式。

例句：1. 与中国朋友多交往有利于汉语学习。

　　　2. 现在的情况有利于我们公司。

反义表达：不利于

第十课　AA制还是请客?

◆ 无论如何

说明：表示不管条件、情况怎么样，结果都相同。可用在主语前，也可用在主语后，常常和"也、都"搭配。

例句：1. 我无论如何也想不出解决办法。
　　　2. 无论如何，我们都应该尊重父母。

近义表达：不管怎样（多用于口语）

◆ 由于

说明："由于+原因,结果"或"结果,是由于+原因"用来强调原因，比较正式。

例句：1. 由于大多数人支持小王的提议，我也只好接受了。
　　　2. 这个方案没有通过，是由于大家都反对。

一、词语扩展：将下列词语扩展成短语

Expand the following words into phrases.

采取　①　　　　　②　　　　　③
别扭　①　　　　　②　　　　　③
沟通　①　　　　　②　　　　　③
含蓄　①　　　　　②　　　　　③

二、用指定词语完成句子或对话

Complete the following sentences/dialogues with the words or structures given.

1. ＿＿＿＿＿＿＿＿＿＿＿＿＿＿＿＿＿＿＿，所以皮埃尔上课迟到了。
（由于）

2. 中国人的主食是米饭、馒头，而美国人＿＿＿＿＿＿＿＿＿＿＿＿＿＿。
（以……为……）

3. A：服务员，_____。 （结账）

   B：好的，请稍等。

4. A：这件事应该怎么处理，你问过李先生吗？

   B：_____。（沟通）

5. A：你为什么来中国留学？

   B：_____。（有利于）

6. A：你真的不想跟我们去吃川菜吗？

   B：没错，我不吃辣的，_____。

   （无论如何）

三、根据课文内容完成对话

Make a dialogue according to the text, using the words given below.

参考词语：结账　　别扭　　含蓄　　气氛
　　　　　有利于　沟通　　流动性　AA制

A：我听说，在中国，请客是人与人交往的一种方式，是这样吗？

B：是呀，历史很悠久呢……

A：

B：

A：

B：

……

四、讲述 Give an account of...

课文中说有的学者怎么解释中国人的请客？你赞同这种说法吗？

五、成段表达（尽量使用本课词语功能表达）

Discourse expression. (Try to use the function and expressions of this lesson.)

中国人为什么喜欢在饭桌上谈事情？请客和在饭桌上谈事是好的交流方式吗？

第十课　AA制还是请客？

跨文化对话
Cross-cultural Dialogues

功能：赞同

说的是。
我也这么看。
我同意……的观点。

老师：中国人爱请客，可以说，请客既是一种社会传统，也是一种人际交往的需要。大家怎么看这个问题呢？在你们国家，人们习惯于请客还是AA制？

路易：在法国，在外就餐AA制是理所当然的。除非吃饭之前某一个人说"今天我请客"，不然的话大家一起吃饭都是AA制。当然家庭聚餐是例外的。

珍妮：说的是，美国和法国一样。有时候看到中国人吃完饭后争着结帐，我觉得非常有趣，心想：既然他们那么喜欢买单，那就把我吃饭的钱也一起付了得了。

伊莎贝拉：我也这么看。我觉得中国一般的餐厅消费比较便宜是中国人爱请客的原因之一。如果费用高的话，很多人都受不了，那样请客的人就不会太多。另外中国人请客总是点很多菜，最后常常吃不完，剩下不少。法国人吃饭

不会点太多东西，够吃就行。

武男：我同意刚才几位同学的观点。日本人吃饭通常也习惯采取AA制，偶尔会请客。这主要是因为各付各的可以避免欠别人的人情。给人添麻烦、欠人情是日本人最不喜欢的。

敏姬：韩国和中国差不多，大家轮流请客，这次我买单，下次对方又请我，好像约定俗成似的。比起AA制，我更愿意互相请客。因为有时候AA制让我觉得彼此的关系有点儿冷淡。

麦克：这也不见得。当然，爱请客的人会认为AA制显得关系冷淡。

老师：请客从一个侧面表现了中国人重视朋友，希望通过一起吃饭认识更多的人，扩大社会交际面。通过这种方式，很多人交到了更多的朋友，生活圈子扩大了。

实用词语
Useful Words and Expressions

1. 理所当然 lǐsuǒdāngrán		be natural and right, as it ought to be 道理上应该这样	
2. 聚餐 jù cān		dine together, have a dinner party 大家在一起吃饭	
3. 例外 lìwài	名	exception 不是一般的情况	
4. 买单 mǎi dān		pay the bill (of dinner) （吃饭时）付钱	
5. 消费 xiāofèi	名	consumption 花钱	
6. 费用 fèiyòng	名	fee 花费的钱	
7. 人情 rénqíng	名	favor, bounty 恩惠，情谊	
8. 轮流 lúnliú	动	take turns 一个接着一个	

9. 约定俗成 yuēdìng-súchéng		established by the people through long social practice, accepted due to customs 大家都这样认为、理解
10. 圈子 quānzi	名	circle, community, coterie 一定的交际范围

功能与表达
Function and Expressions

功能二：赞同

表达：

说的是。
我也这么看。
我同意……的观点。
一点儿也不错。
这正是我想说的。

例句：

1. 说的是。秋天是北京最好的季节。
2. 我也这么看。任何事物都有两面性，有好的一面也有坏的一面。
3. 我同意老师的观点。汉字并不难学。
4. 一点儿也没错。每到过节的时候就更想家。
5. 这正是我想说的。凡事不能强求，要顺其自然。

语言点例解 Language Points

◆ 除非……不然……

说明:"除非"后面提出唯一的的条件,"不然"后面强调不具备这一条件而可能产生的不利的后果情况。

例句:1. 除非你和我一起去,不然我会迷路的。
　　　2. 除非老师同意,不然我们不能提前考试。

◆ 受不了

说明:"人/物+受不了+名词/动词/形容词结构"或"名词/动词/形容词结构+让/令+人/物+受不了"表示不能忍受。

例句:1. 我受不了这样高的温度。
　　　2. 今天热得让人受不了。

◆ 偶尔

说明:副词。表示某种情况不常常出现。在主语前后都可以。

例句:1. 偶尔我会和朋友一起去游泳。
　　　2. 小赵偶尔也看外国电影。

反义表达:经常;常常

一、词语扩展:将下列词语扩展成短语

Expand the following words into phrases.

消费 ①　　　　　　②　　　　　　③
人情 ①　　　　　　②　　　　　　③
轮流 ①　　　　　　②　　　　　　③

二、用指定词语完成句子或对话

Complete the following sentences /dialogues with the words or structures given.

1. _____ ,不然他一定会来。
（除非）

2. 卡洛斯平时工作非常忙,一般晚上没有时间,只是_____
_____。
（偶尔）

3. 你和小王吵架了吗？为什么你_____?
（冷淡）

4. A:女朋友过生日,你会送礼物给她吗?
   B:_____。（理所当然）

5. A:你今天打扮得真漂亮！
   B:_____,你也很漂亮！
（彼此）

6. A:今年寒假你打算去哈尔滨旅行吗?
   B:_____。（受不了）

三、语段表达:填写并复述下列短文

Discourse expression: Fill in the blanks and retell the paragraph.

在法国,在外就餐AA制是_____。除非有人提出请客,不然的话_____。外国人看到中国人吃完饭后_____觉得非常有趣。中国人爱请客的一个原因可能是因为餐厅消费便宜,一般人_____。但在国外,就餐的_____,大部分人都受不了。日本人吃饭也采取AA制,主要因为大家不愿意_____。而韩国人愿意请客,大家约定俗成地_____。中国人请客从一个方面表现了中国人_____,希望通过请客_____,扩大_____。

四、讲述 Give an account of...

你和中国朋友在餐厅吃饭,点菜时对方点很多菜,吃不完,并且结账时对方一定要请客,这时你通常怎样做?

五、讨论(尽量使用本课词语功能表达)
Discuss. (Try to use the function and expressions of this lesson.)

不同国家的人采用"请客"或"AA制"形式吃饭的原因是什么?

六、话题交际 Make a dialogue on the topic below.

分组对话:你在什么情况下会采取AA制或请客?请说明理由。

七、实战演练 Situational communication.

老师做主持人,将学生分成两组进行辩论,各自提出论据并回应对方。言之成理即可得一分,以"正"字计算得分。

题目:AA制的利弊

正方观点:AA制利大于弊	反方观点:AA制弊大于利
正方论据:	反方论据:
正方得分:	反方得分:

第十课　AA制还是请客？

实例分析 Case Study

（在饭馆儿，一桌中国客人抢着结账。）

甲：今天我请客，谁也别跟我抢！

乙：那可不行，上次就是你请的，哪能次次让你一个人花钱呢。

丙：我来我来。服务员，把账单给我！（抢着付了账）

丁：真拿你没办法，那下次算我的！

分析：你认为他们的争吵、抢夺是不是没礼貌，为什么？

对策：你遇到这种情况时，如何应对？

我眼里的中国人
The Chinese People I Know

热身话题 Warm-up Questions

1. 你认为自己了解中国人吗？为什么？
2. 请用几个词来说明中国人的特点。

课文 Text

功能：称赞

值得……佩服
可贵的是……
……比不上……

中国人不怕吃苦，每天都充满热情，他们不管遇到什么困难都努力克服，真值得我们佩服。

我们宿舍楼下有一个卖水果的中年人，他每天早起晚睡，很辛苦，但可贵的是他看起来很开心，有时候还跟我开玩笑。

中国的学生也特别刻苦。留学期间，我和大学的本科生一起上过课，他们很多人坚持每天早上六点起来看书。学校图书馆自习室的人总是满满的，如果去晚了就没有座位了。他们的努力程度让我吃惊，我真比不上他们。

此外，中国人很爱他们的国家，对外国人很友好。奥运期间，大部分中国人都支持中国政府为奥运会所做的准备。

我对中国人印象最深的是他们的热情，我的很多外国朋友

第十一课 我眼里的中国人

也这样认为。在北京,我特别喜欢坐公共汽车,因为车上的人会热情地跟我聊天儿,这让我的汉语进步不少。我爱中国,也喜欢中国人。

实用词语
Useful Words and Expressions

1. 吃苦 chī kǔ　　　　　　　　have a rough time　经历苦痛、困难
2. 充满 chōngmǎn　　动　　　abound, full of　充分具有
3. 克服 kèfú　　　　　动　　　overcome　战胜(困难、障碍等)
4. 佩服 pèifu　　　　 动　　　admire　对才能比自己强的人尊敬、心服
5. 刻苦 kèkǔ　　　　 形　　　assiduous　非常勤奋努力
6. 本科 běnkē　　　　名　　　undergraduate course　大学的基本组成部分
7. 坚持 jiānchí　　　 动　　　adhere to　不放弃
8. 程度 chéngdù　　　名　　　degree　事情变化达到的状况
9. 奥运 àoyùn　　　　　　　　Olympic Games　奥林匹克运动会
10. 印象 yìnxiàng　　 名　　　impression　客观事物在人脑留下的迹象

功能与表达 Function and Expressions

功能一：称赞

表达：

值得……佩服

可贵的是……

……比不上……

真有两下子

真不愧是……（啊）！

例句：

1. 助人为乐的行为值得大家佩服。
2. 虽然失败了很多次，但可贵的是大家都没有放弃。
3. 大家都比不上他。
4. 真有两下子。这么复杂的问题一下子就解决了。
5. 真不愧是老艺术家呀！表演太让人感动了。

语言点例解 Language Points

◆ 不管……都……

说明："不管+特殊/正反/选择疑问句，都+不变的结果"表示无论条件怎么变化，结果都不会改变。

例句：1. 不管你怎么说，我都不去。
　　　2. 不管喜欢不喜欢，这件事我们都得做。
　　　3. 不管音乐还是运动，他都很喜欢。

近义表达：无论……都……

第十一课　我眼里的中国人

◆ 此外

说明：用于补充说明，表示除了这个以外。

例句：1. 这家饭店主要经营川菜，此外也有部分湘菜。

　　　2. 我喜欢读的主要是文学方面的书，此外还有漫画。

◆ 为……所……

说明："主语+为/被+人/物+所+动词结构"表示被动。

例句：1. 地方戏曲一直为老百姓所喜爱。

　　　2. 那位总统一直为他的国民所敬重。

一、词语扩展：将下列词语扩展成短语

Expand the following words into phrases.

克服　①　　　　　②　　　　　③

坚持　①　　　　　②　　　　　③

充满　①　　　　　②　　　　　③

佩服　①　　　　　②　　　　　③

二、用指定词语完成句子或对话

Complete the following sentences / dialogues with the words or structures given.

1. A: 你们班的同学都选修这门课了吗？

　 B: _____。(不管……都……)

2. 我们学院已经决定要在本学期举办汉语口语大赛，_____
　 _____。　　　　　　　　　　　　　　（此外）

3. 在大学里最重要的课程当然是专业课，_____
　 _____。　　　　　　　　　　　　　　（此外）

4. 孩子们＿＿＿＿＿＿＿＿＿＿＿＿＿＿＿＿＿＿＿＿＿＿＿。

（为……所……）

5. A：你刚买的两本小说，哪一本更有意思？

B：＿＿＿＿＿＿＿＿＿＿＿＿＿＿＿＿＿＿。（比不上）

6. A：你说佩服那个人，为什么呢？

B：＿＿＿＿＿＿＿＿＿＿＿＿＿＿＿＿＿＿。（可贵的是）

三、根据课文内容完成对话

Make a dialogue according to the text, using the words given below.

参考词语：热情　　比不上　　印象　佩服　此外
　　　　　可贵的是　不管……都……

A：你对中国人已经有一定的了解了，能给我介绍一下吗？

B：好呀，据我所知……

A：

B：

A：

B：

……

四、讲述 Give an account of...

你心目中的中国人。

五、成段表达（尽量使用本课词语功能表达）

Discourse expression. (Try to use the function and expressions of this lesson.)

介绍你们国家的人的特点。

跨文化对话
Cross-cultural Dialogues

功能：补充说明

情况不完全是这样，……
另外，……
除了……外，……还……

老师：大家在中国留学，一定接触过不少中国人，你们对中国人有什么印象呢？

民秀：和中国人接触后我意识到中国人和韩国人一样比较含蓄，一般不愿意直接表达自己的想法。有时问他们意见，比如"今天吃点儿什么""咱们去哪儿"，他们常常说"随便"，而不是说出自己的看法。

里卡多：我原来以为中国人比较内向、害羞，但来中国以后发现情况不完全是这样。我的很多中国朋友都非常开朗，爱说笑。另外，我也发现中国大学生有很强的发展意识、有明确的生活目标。为了今后的发展，他们通常很努力地学习新知识。

路易：中国人很看重面子，特别是男生，无论如何都不能丢面子。我们法国人看重的是自由，别人对我有什么看法那是他们的事，跟我无关，我就是我。

珍妮：中国人好奇心比较强。比如，他们爱问别人一些和自己无关的问题，还有，路上要是发生什么事，马上就有人围观。就拿我的亲身经历来说，我是一个标准的老外，在外貌上和中国人有很大的不同，每次我走在路上，总有人盯着我看。

景子：中国人重感情，爱交朋友，而且很热情。当你遇到困难的时候，他们会热情地帮助你。因为在他们看来，朋友的事就是自己的事。

文翰：除了重感情外，中国人还重亲情、讲传统。他们孝顺父母，尊老敬老。很多海外华人还保持着这样的传统。

老师：中国人有自己的特点，也有很多跟各位一样的地方。只有深入他们的生活，才能真正地了解中国人。

实用词语
Useful Words and Expressions

1. 接触 jiēchù	动	contact, meet	接近并交往
2. 表达 biǎodá	动	deliver oneself of	表明自己的看法
3. 内向 nèixiàng	形	diffident	不善于、不喜欢与人交流
4. 害羞 hàixiū	动	shy	难为情，怕羞
5. 开朗 kāilǎng	形	outgoing	性情乐观
6. 目标 mùbiāo	名	goal	行动或生活的目的
7. 好奇心 hàoqíxīn	名	curiosity	对事物感到好奇，想了解的心理
8. 外貌 wàimào	名	appearance	外表的样子，长相
9. 盯 dīng	动	gaze at, stare	注意地看
10. 孝顺 xiàoshùn	形	filial piety	子女对父母尽心奉养，顺从

第十一课　我眼里的中国人

11.	保持 bǎochí	动	retain, keep	使不变
12.	深入 shēnrù	动	penetrate into	深层次地进入

功能与表达 Function and Expressions

功能二：补充说明

表达：
　　情况不完全是这样，……
　　除了……外，……还……
　　另外，……
　　此外，……

例句：
1. 情况不完全是这样，虽然工作压力很大，但王刚一直把工作与家庭的关系处理得很好。
2. 除了游览名胜外，我们还组织同学们参观博物馆。
3. 我选修了书法课，另外还选修了民族舞蹈课。
4. 他只喜欢足球，此外对什么都没有兴趣。

语言点例解 Language Points

◆ **意识到**

说明：表示感觉到、了解。
例句：1. 当时我一点儿也没有意识到这是个难得的好机会。
　　　2. 金融危机到来之前，没有多少人意识到近在眼前的危险。

◆ 拿……来说，……

说明：用于举例说明。表示像某人或某事物一样，具有某种特点。

例句：1. 我们公司的同事都很喜欢运动，拿我来说，每周都坚持至少运动四次。

2. 这学期的课程都很难，拿文学史来说吧，要写两篇报告才能通过。

◆ 只有……才……

说明："只有+唯一条件，才（能）+目的"表示必须有某种条件才能达到目的。

例句：1. 只有请小李帮忙，我们才能按时完成这个计划。

2. 只有父母同意，我才能出去旅行。

一、词语扩展：将下列词语扩展成短语

Expand the following words into phrases.

保持 ①　　　　　② 　　　　　③
意识 ①　　　　　② 　　　　　③
盯　 ①　　　　　② 　　　　　③
表达 ①　　　　　② 　　　　　③
接触 ①　　　　　② 　　　　　③
深入 ①　　　　　② 　　　　　③

二、用指定词语完成句子或对话

Complete the following sentences / dialogues with the words or structures given.

1. 并不是每个女孩子都喜欢逛街的，＿＿＿＿＿＿＿＿＿＿＿＿＿＿＿＿＿＿＿＿＿＿＿＿＿＿＿＿。（拿……来说，……）

2. _____真正了解别的国家的人。

（只有……才……）

3. 没有别的办法，_____。

（只有……才……）

4. A: 现在是口语课，你怎么拿着听力课本？

B: _____。（意识到）

5. A: _____，大家有什么要补充的吗？

（除了……外，还……）

B: 没有了，就这么多。

6. A: 别忘了通知明天游览长城的同学，一定要带上学生证，_____。（另外）

B: 知道了，两件事我都记住了。

三、语段表达：填写并复述下列短文

Discourse expression: Fill in the blanks and retell the paragraph.

中国人和韩国人一样比较_____，一般不愿意直接_____自己的意见，我原来以为中国人比较_____，但来中国以后就发现情况不完全是这样。我有很多中国朋友都_____。中国人很看重_____。另外，中国人的_____比较强。中国人重_____，而且很热情。除了重感情外，中国人还重_____、讲传统。他们_____父母，尊老敬老。很多海外华人还_____。

四、讲述 Give an account of...

有些中国人特别讲面子，说说你知道的例子。

五、讨论（尽量使用本课词语功能表达）

Discuss. (Try to use the function and expressions of this lesson.)

中国人与你们国家的人有什么相似之处和不同之处？

六、话题交际 Make a dialogue on the topic below.

分组对话：介绍你认识的中国人的性格特点以及交往中给你留下深刻印象的事。

七、实战演练 Situational communication.

看看下面的对话，你能猜出这两个北京人是什么关系吗？说说你的结论和理由。

甲：哥们儿，咱爸咱妈最近好吗？
乙：老爷子老太太好着呢。前两天还问你来着。
甲：这阵子太忙，也没去看他们。
乙：有空来家吃饺子！
甲：好啊！
他们是：A. 兄弟　　　B. 朋友

实例分析 Case Study

很多时候中国人不喜欢直接说出自己的意见。比如说,上次我的中国朋友请我吃饭,分手的时候我说下次我会请她吃饭。可她说:"算了,不用。"我知道她没有什么不好的意思,但我心想:她真的不用?为什么?如果她嘴上说不用,但心里想的是别的,我怎么办呢?说实话,有的时候我真的不明白中国人真正的意思。

分析:文中中国朋友的真正想法可能是什么?
对策:你遇到这种情况时,如何应对?

第十二课 Lesson 12

留学趣事
Studying Abroad Is Interesting

热身话题　Warm-up Questions

1. 你在中国有什么新发现吗？
2. 你在中国期间，学习或生活中遇到过哪些有趣的事？

课　文　Text

功能：插入语

说实在的，……
说实话，……
老实说，……

国庆节的时候有一个中国朋友约我一起去天安门广场和王府井。因为我没去过这两个地方，所以就高兴地答应了。去之前，我们打电话约好第二天出发的时间。朋友说"8点半"出发，我就提前5分钟到达约定地点。可等我到了那儿，朋友说他已经等了快半个小时了。原来，他说的是"8点吧"，我把"吧"听成了"半"。哈哈哈……

第十二课　留学趣事

来中国以前我学过两年汉语,不过说实在的,语言方面的困难还是不少。而且和中国人交流也会遇到一些意想不到的问题。

我喜欢音乐创作,留学期间,我遇到了与我有同样爱好的中国朋友,我们经常在一起探讨音乐方面的问题。有一次喝酒的时候,他对我说:"说实话,以前我对日本人印象不是很好,不过,跟你接触以后,我对日本人的看法有一些改变。无论如何,我愿意跟你交朋友。来,干杯!"老实说,当时我的心情很复杂,不知道该说些什么。当然每个人都有自己的喜好,每个国家都有自己的历史文化,现实中很多误解也许不可避免,但是只要大家彼此尊重、多交流、多沟通,就有助于消除误解。

实用词语
Useful Words and Expressions

1. 天安门广场 Tiān'ānmén Guǎngchǎng		Tiananmen Square	北京中心、天安门前面的广场
2. 王府井 Wángfǔjǐng		Wangfujing Street	北京街道名,著名商业区
3. 意想不到 yìxiǎng búdào		beat all, unexpect	没想到
4. 创作 chuàngzuò	动	invent, make art opus	创造文艺作品
5. 现实 xiànshí	名	reality	客观存在的事物
6. 误解 wùjiě	名	misunderstanding	错误的理解
7. 消除 xiāochú	动	eliminate	去除

功能与表达 Function and Expressions

功能一：插入语

表达：

说实在的,……

说实话,……

老实说,……

不瞒你说,……

事实上,……

例句：

1. 说实在的,我不愿意两个人住一个房间。
2. 说实话,你现在的水平还不能当翻译。
3. 老实说,你的想法有点儿简单了。
4. 不瞒你说,大家对你的做法都有意见。
5. 事实上,我跟他只是普通朋友。

语言点例解 Language Points

◆ ……方面

说明："(在)+名词/动词结构+方面"表示在某个范围里。

例句：1. 绘画方面的知识我懂得不多。

2. 目前我们公司在经济方面是没有问题的。

◆ 来,……

说明：多用于口语。"来+动词结构/小句"表示邀请或建议做某事。

例句：1. 来,我们一起看DVD吧。

2. 来,出发吧,时间快到了。

第十二课　留学趣事

◆ 有助于……

说明:"条件+有助于+目的"表示某种条件对要达到的目的有帮助。

例句：1. 加强国际交往有助于文化交流。

　　　2. 坚持运动有助于身体健康。

一、词语扩展：将下列词语扩展成短语

Expand the following words into phrases.

创作　①　　　　　②　　　　　③
现实　①　　　　　②　　　　　③
消除　①　　　　　②　　　　　③
误解　①　　　　　②　　　　　③

二、用指定词语完成句子或对话

Complete the following sentences / dialogues with the words or structures given.

1. A: 你知道心理学有什么比较有名的著作吗？

　 B: 我从来没有学过心理学，_____。(方面)

2. 这本书_____，小张看得入迷了。(方面)

3. A: _____，味道怎么样？(来)

　 B: 味道好极了，你的手艺真不错。

4. _____，所以我常常和中国朋友聊天儿。(有助于)

5. _____，最近我的身体好多了。(有助于)

6. A: 你觉得这家饭店的菜做得怎么样？

　 B: _____。(说实话)

三、根据课文内容完成对话

Make a dialogue according to the text, using the words given below.

参考词语：说实在的　……方面　意想不到　有助于　交流　误解

A: 你学汉语时遇到过什么困难吗？
B: 学汉语还真是不容易……
A:
B:
A:
B:
……

四、讲述 Give an account of...

你与你的朋友因为汉语发音或理解方面的问题而发生的误会。

五、成段表达（尽量使用本课词语功能表达）

Discourse expression. (Try to use the function and expressions of this lesson.)

你经历过的留学趣事。

跨文化对话
Cross-cultural Dialogues

功能：开场白

你可能听说过，……
我知道，……

　　你可能听说过，有些中国人聊天儿的时候爱问一些别人的私事。虽然中国的年轻人已经很少随便问这些，可很多上了年纪的人还没有注意到这个问题。我知道，在中国，有些问题并不算不礼貌，大家只是出于好奇或者关心。其实，跟许多人聊天儿是很有意思的事。下面是一段我在北京胡同里和几个北京人的

交流:
"你今年多大了?"
"32岁。"
"结婚了吗?"
"结婚了。"
"你们有孩子吗?"
"有一个。"
"男孩还是女孩?"
"男孩。"
"你丈夫做什么工作?"
"他是工程师。"
"你们国家的人收入高吗?"
"噢,这可不好说,因为不同的工作收入有差距。我们国家最近几年经济不景气,有些人都下岗了。"
"真的吗? 你们国家也有人下岗?"
"是啊。"
"你会说英语吗?"
"会。"
"瑞典人都会讲英语吗?"

"大部分人会英语。"

"你来北京多久了?"

"快两年了。"

"适应北京的生活吗?"

"基本适应了,不过,瑞典的夏天没北京那么热。最高气温才二十几度,而且空气很清新。"

"你喜欢北京吗?"

"喜欢,每到周末,我都会带着孩子坐公交车逛北京,而且连北京的郊区都转遍了。"

"你们会在北京住很长时间吗?"

"这很难说,等我研究生毕业后再做打算。"

"你的汉语真好啊!"

……

实用词语
Useful Words and Expressions

1. 工程师 gōngchéngshī	名	engineer	能够完成专门技术任务的设计施工的专门人员
2. 收入 shōurù	名	income	赚到的钱
3. 噢 ō	叹	oh	表示了解
4. 差距 chājù	名	difference	差异,距离
5. 景气 jǐngqì	形	prosperous	经济繁荣发达
6. 下岗 xià gǎng		temporarily unemployed	因为单位不景气等原因失去工作
7. 瑞典 Ruìdiǎn	名	Sweden	北欧的一个国家
8. 基本 jīběn	副	basically	大体上
9. 清新 qīngxīn	形	clear and fresh	清爽而新鲜

第十二课　留学趣事

功能与表达 Function and Expressions

功能二：开场白

表达：
　　你可能听说过,……
　　我知道,……
　　有人说,……
　　众所周知,……

例句：
　　1. 你可能听说过,有的人特别喜欢劝酒。
　　2. 我知道,很多中国父母望子成龙。
　　3. 有人说,条条大路通罗马。
　　4. 众所周知,良好的生活方式有利于身体健康。

语言点例解 Language Points

◆ 不好说

说明：多用于口语。表示不容易清楚或准确地说明。

例句：1. 下一班公共汽车什么时候来,这可不好说。
　　　2. 这部电影会不会火,我觉得不好说。

◆ 没……那么……

说明：用于对比。"A没B那么+形容词"表示B比A更……

例句：1. 我讲故事没有妈妈讲得那么有意思。
　　　2. 我做饭没有姐姐做得那么好吃。

近义表达：比起A,B更……

◆ 等……再……

说明:"等+时间+再+行动"表示等到某个时候开始做某事。

例句:1.等妈妈下班后再商量去哪里度假吧!

2.等毕业再找工作就太晚了!

练 习 Exercises

一、词语扩展:将下列词语扩展成短语

Expand the following words into phrases.

清新 ①　　　　　②　　　　　③
景气 ①　　　　　②　　　　　③
差距 ①　　　　　②　　　　　③

二、用指定词语完成句子

Complete the following sentences with the words or structures given.

1. A:你知道每天有多少游客来这个城市旅行吗?
   B:_____。(不好说)

2. A:这次黄金周长假我们坐飞机还是坐火车出门?
   B:火车票_____。(不好说)

3. 你还没做作业呀?你打算_____?(等……再……)

4. _____来得及来不及?(等……再……)

5. 在我们国家,学汉语的人_____。
   (没……那么……)

6. 北京的冬天 _____。(没……那么……)

三、语段表达：填写并复述下列短文
Discourse expression: Fill in the blanks and retell the paragraph.

你可能听说过，有些中国人聊天儿时爱问些_____。我知道，在中国，有些问题_____。有一天，我在北京_____和几个北京人聊天儿。他们问我，我们国家的人收入有多少，我说，这个问题很难回答，因为每个人的收入_____。最近几年_____，好多人都_____了。他们又问了我很多私人的事情，我知道，他们只是_____。

四、讲述 *Give an account of...*
你亲身经历过的一次印象深刻的国际交流。

五、讨论（尽量使用本课词语功能表达）
Discuss. (Try to use the function and expressions of this lesson.)

与不同文化背景的人交流时，应注意什么？

六、话题交际 *Make a dialogue on the topic below.*
分组对话：在中国，有没有人问过你在你们国家人们一般不会提的问题？如果有，他们问了什么？你是怎么回答的？

七、实战演练 *Situational communication.*
试试与陌生的中国人聊天儿，比如出租车司机、一起排队的人、校园里遇到的同学等等。问他们一些问题，记住他们的回答。

实例分析
Case Study

在运动会上,一位老师刚从赛场上下来,正好碰到来观战的学生。

中国老师:你也来了。

外国学生:嗯。老师,您真棒!跑得像狗一样快!

中国老师:(喝到嘴里的水差点儿吐出来)???

分析:外国学生什么地方说得不合适?

分享:你遇到过类似的趣事吗?

第十三课
Lesson 13

学习汉语的苦与乐
The Happiness and Bittterness of Learning Chinese

热身话题　Warm-up Questions
1. 你为什么学习汉语？
2. 你是怎样学习汉语的？

功能：概括(1)

……可以用……
来概括，……
总的来说，……

　　我在高中的时候学了英语，后来还想再学一种语言，因为我在意大利认识一个中国朋友，所以选择了汉语。为了提高汉语水平，大学毕业后我决定到北京留学。刚到北京的时候，我的汉语糟糕极了，听不懂别人的话，自己也说不出来。学习一段时间后，我的汉语开始进步了。比如，我能看懂一些中文标志；能告诉收银员我没有零钱。这让我很兴奋。

　　学习汉语很有意思，但

是学好汉语不太容易,特别是汉字。学汉语不可避免地要学汉字。我在北京学习汉语可以用一句中国俗语来概括,叫作笨鸟先飞。为了在课堂上有收获,我每天不得不用三个小时复习和预习,一边读生词和课文,一边在本子上练习写,从未中断过。有时候,我也和中国朋友一起聊天儿。

总的来说,我在北京的收获很大,不但汉语水平提高了,而且更好地认识了北京,了解了中国。此外,我还结识了来自五湖四海的朋友。虽然留学后我们会分开,但是汉语会一直把我们连在一起。

实用词语
Useful Words and Expressions

1.	糟糕 zāogāo	形	too bad	很差
2.	标志 biāozhì	名	sign	简单的说明性文字或牌子
3.	收银员 shōuyínyuán	名	cashier	商场里负责收费的职员
4.	零钱 língqián	名	change	数额小的钱
5.	不可避免 bùkě bìmiǎn		inevitably	一定会有某种情况
6.	概括 gàikuò	动	summarize	用简单明了的话说明
7.	笨鸟先飞 bènniǎo-xiān fēi		slow-heads work harder	没有别人聪明,就比别人先行动
8.	收获 shōuhuò	名	gain	得到(知识、报酬等好处)
9.	五湖四海 wǔhú-sìhǎi		all over the world	全国、世界各地

第十三课　学习汉语的苦与乐

功能与表达
Function and Expressions

功能一：概括(1)

表达：

……可以用……来概括,……

概括起来说,……

总的来说,……

总之一句话,……

例句：

1. 他的想法可以用"金钱万能"来概括,认为钱能解决一切问题。
2. 概括起来说,环境问题与人的活动有很大的关系。
3. 总的来说,我这个假期过得很愉快。
4. 总之一句话,公司的发展要靠大家的努力。

语言点例解
Language Points

◆ ……极了

说明："形容词/心理动词+极了"表示程度极高,带有夸张的语气。

例句：1. 杭州西湖的风光美丽极了。

2. 这部动画片很有趣,孩子们喜欢极了。

◆ 不得不

说明："不得不+动词结构"表示不愿意做某事,但因为某种原因一定得做。

例句：1. 我去办报到、注册手续时,办公室的人已经下班了,不得不第二天再跑一趟。

2. 妈妈不同意我考外地的大学,我不得不重新考虑。

◆ 从未

说明:副词。"从未+动词结构+过"表示从来没有发生过。

例句:1. 我从未看过这么精彩的演出。

2. 从未生过重病的人是无法想象其中的痛苦的。

一、词语扩展:将下列词语扩展成短语

Expand the following words into phrases.

标志 ①　　　　　② 　　　　　③

概括 ①　　　　　② 　　　　　③

糟糕 ①　　　　　② 　　　　　③

收获 ①　　　　　② 　　　　　③

二、用指定词语完成句子或对话

Complete the following sentences/dialogues with the words or structures given.

1. 现在太晚了,地铁的末班车也没有了,_____。(不得不)

2. 冰箱里什么吃的都没有了,_____。(不得不)

3. _____,觉得非常不习惯。(从未)

4. A:我记得你好像去过桂林,是吗?

   B:没有啊,_____。(从未)

5. A:听说你参观过新的北京科技馆,觉得怎么样?

   B:_____。(……极了)

6. A:你房间里怎么有这么多熊猫玩具啊?

   B:_____。(……极了)

三、根据课文内容完成对话

Make a dialogue according to the text, using the words given below.

参考词语：从未 ……极了 笨鸟先飞 不得不 收获 进步

A：三个月不见，你的汉语进步好大呀！你是怎么学的呀？
B：是吗？谢谢……
A：
B：
A：
B：
……

四、讲述 Give an account of...

你在学习汉语的过程中遇到了哪些苦与乐？

五、成段表达（尽量使用本课词语功能表达）

Discourse expression. (Try to use the function and expressions of this lesson.)

如何能够学好汉语？

老师：近年来，学习汉语的人越来越多，一些国家和地区小学就开设汉语课。汉语学习人数不断增多的原因是什么呢？你在学汉语的过程中有怎样的体会呢？
秀丝：依我看，中国经济持续发展是汉语学习人数增多的原因之

一。对我来说,中国是世界大国,要是我学会汉语,就可以更多地了解中国,比如文化、科学,因为中国有很长的历史,再说,中国古代的科学和技术也很发达。我真的被汉语迷住了,我希望能把汉语学好。

巴图:我觉得学习汉语非常难。可是每天认真学习以后,你一定会有进步。我父母那个年代,蒙古有一半的人学俄语。因为那时的社会和现在不一样,蒙古大部分中年人会俄语。现在在蒙古最重要的外语是英语、俄语和汉语。开设英语和俄语课的中小学最多,最近有汉语课的中小学也越来越多。

古纳尔:有些人学汉语不学写汉字,他们认为听说最重要,读和写不太重要。我个人认为他们的看法不正确。如果只是喜欢中文,不打算深入学习下去的话,不学汉字还可以,但如果是专业学中文,想把中文学好,就一定要学汉字,而且,不掌握汉字的话,很难找到和中文相关的工作。

麦克:我觉得学外语重要的是听和说,如果能听、会说,就可以跟当地人交流。现在有了电脑,有了现代科技,它们可以帮

第十三课　学习汉语的苦与乐

人们做很多事。比如说,我们不一定要写汉字,电脑可以帮我们输入汉字。

敏姬:其实,只要努力,汉语一定能学好,汉字也不难。我以前有个美国同学,他学习比较认真,汉字写得很不错。另外,如果学习书法的学生不懂汉字,那简直太不可想象了。

武男:懂外语就能知道外国的事情,比如说,历史、文化、生活习惯,当然还可以用在工作、交朋友方面。懂得对方的语言,就能够互相理解。还有一点,如果想学外语的话,最好趁年轻,这是我自己的体会。2008年在北京举办了奥运会,越来越多的人认识了中国,所以人们对汉语的兴趣猛增是必然的。

老师:虽然大家学习汉语的目的有所不同,但对汉语的兴趣是相同的。在学习过程中一定有苦也有乐。俗话说,"世上无难事,只怕有心人"。只要努力,一定能把汉语学好。祝大家学习进步。

实用词语
Useful Words and Expressions

1.	开设 kāishè	动	set, provide	设置
2.	过程 guòchéng	名	process	事情开始、发展,到结束的阶段
3.	持续 chíxù	动	continue	连续、不断
4.	迷 mí	动	be attracted by	非常喜欢
5.	专业 zhuānyè	名	major	学业的门类
6.	掌握 zhǎngwò	动	master	了解,能自由应用
7.	输入 shūrù	动	input	打字,使显示在电脑上
8.	不可想象 bùkě xiǎngxiàng		unconceivable	奇怪,令人很难相信

9. 趁 chèn　　　　　　　介　　while, take adventage of　利用(时间、机会)
10. 猛 měng　　　　　　副　　suddenly, abruptly　巨大、突然地(变化)

功能与表达 Function and Expressions

功能二：表达主张

表达：
　　依我看，……
　　我觉得(感觉)……
　　我个人认为……
　　我的观点是……
　　我有这么个想法……

例句：
　　1. 依我看，这个职业没有太大的发展。
　　2. 我觉得这个地方很适合生活。
　　3. 我个人认为，教育能够改变一个人的命运。
　　4. 我的观点是传统的生活方式应该保留。
　　5. 我有这么个想法，等忙过这段时间，我们一起去度个假吧。

语言点例解 Language Points

◆ 比如说

说明："比如说+例子"用于举例说明，也可以说"比如"。

例句：1. 我喜欢南方菜，比如说上海菜。
　　　2. 这个城市有不少有名的博物馆，比如说，市立博物馆、历史博物馆、自然博物馆等。

近义表达：比方说，举个例子

第十三课　学习汉语的苦与乐

◆ 简直
说明：副词。"简直+动词/形容词结构"表示完全如此或差不多如此，有夸张的语气。

例句：1. 看到考试卷子上的分数，我简直不敢相信自己的眼睛。
　　　2. 妈妈，怎么还不开饭啊，我简直要饿死了！

◆ 有所……
说明："有所+双音节动词"表示存在或发生了某种情况。

例句：1. 他是心理学家，对本专业的情况，当然有所了解。
　　　2. 看他的样子，好像对老板的决定有所不满。

一、词语扩展：将下列词语扩展成短语
Expand the following words into phrases.

开设　①　　　　②　　　　③
相关　①　　　　②　　　　③
持续　①　　　　②　　　　③
掌握　①　　　　②　　　　③
猛　　①　　　　②　　　　③

二、用指定词语完成句子或对话
Complete the following sentences/dialogues with the words or structures given.

1. 我不想去买菜，时间太晚了，＿＿＿＿＿＿＿＿＿＿＿＿。（再说）
2. 快考试了，＿＿＿＿＿＿＿＿＿，所以我得去图书馆查资料。（再说）
3. 哎呀，你这只猫画得太棒了，＿＿＿＿＿＿＿＿＿＿＿。（简直）
4. 她化了妆以后＿＿＿＿＿＿＿＿＿＿＿＿＿＿＿＿＿。（简直）
5. 我个人认为，老师的意见对我们＿＿＿＿＿＿＿＿＿＿。（有所）

6. A: 对教学楼的改建计划,你有什么建议吗?
   B: _____。(依我看)

三、语段表达:填写并复述下列短文

Discourse expression: Fill in the blanks and retell the paragraph.

汉语学习人数不断增多的原因是什么呢？有人认为_____是学习汉语人数增多的原因之一。而且,学会汉语,就能更多地了解中国,比如_____,因为中国有很长的历史,再说,中国古代的科学和技术_____。另外,懂外语就能知道外国的事情,当然还可以用在_____。懂得对方的语言,_____。虽然学习汉语有些难,可是每天认真学习以后,你_____。大家在学习汉语的过程中一定_____。俗话说,_____。只要努力,一定能把汉语学好。

四、讲述 Give an account of...

在你们国家最热门的外语是什么？请说明原因。

五、讨论(尽量使用本课词语功能表达)

Discuss. (Try to use the function and expressions of this lesson.)

学习外语时,听、说、读、写四项技能,哪个更重要？为什么？

六、话题交际 Make a dialogue on the topic below.

分组对话:学习外语对人生有什么帮助或影响？

七、实战演练 Situational communication.

试试给下面两个句子加上标点符号,并说明意思,看看有几种理解:

1. 没有鸡鸭也可以没有鱼肉也可以青菜豆腐不可少

2. 男人没有了女人就害怕了

第十三课　学习汉语的苦与乐

实例分析 Case Study

　　一个母语为英语的人完全不会汉语,他被派到中国一家公司工作,他的同事英语都很好。他想利用这个机会把汉语学好,不过,他工作很忙,没有时间看书,也没有时间去学校上课。

　　分析:你认为他能把汉语学好吗? 为什么?
　　对策:他应该如何学习汉语?

第十四课
Lesson 14

我爱中国菜
I Love Chinese Cuisine

热身话题　Warm-up Questions

1. 介绍几个你爱吃的中国菜。
2. 你觉得中国菜有什么特点？

课　文　Text

功能：语义转换

A是A,但……
不过,话又说回来,……
说是这样说,可……

　　我喜欢做菜,有时间的话就做,而且味道也不错。来中国前,我对中国菜就一直很感兴趣。感兴趣<u>是</u>感兴趣,<u>但</u>在韩国的时候,即使想做中国菜,也因为很难找到需要的材料而做不了。在中国做中国菜很方便,这一点让我特别兴奋。

　　听说中国菜有很长的历史,种类很多,味道又好,烹调方式

第十四课　我爱中国菜

各种各样,非常吸引人。来中国留学,我下决心要学做中国菜,学会以后,我要给韩国的家人做,他们也很喜欢中国菜。看到家里人吃我做的菜,我会很高兴、很感动。

不过,话又说回来,中国菜也有缺点,比如油腻。相比来说,韩国菜比较清淡。虽说我现在已经习惯了,但我刚开始吃的时候真有点儿不适应。有的女生说,中国菜吃多了会发胖。说是这样说,可那么多好吃的菜,谁能忍住不吃呢?

趁在中国学习汉语的时候,我要尝试各种各样的菜,还要请老师给我介绍好吃的中国菜。

实用词语
Useful Words and Expressions

1. 即使 jíshǐ	连	even if	有某种条件也不能改变情况,常与"也"连用
2. 烹调 pēngtiáo	动	cook	做(菜)
3. 吸引 xīyǐn	动	attract	把别人的注意力引过来,让人注意、喜欢
4. 感动 gǎndòng	动	touched, moved	心里觉得激动
5. 油腻 yóunì	形	greasy	油太多
6. 清淡 qīngdàn	形	insipid	油比较少
7. 适应 shìyìng	动	acclimatize oneself to	让自己适合客观事物的要求
8. 尝试 chángshì	动	attempt, try	试着做

功能与表达
Function and Expressions

功能一：语义转换

表达：

A 是 A，但……

不过，话又说回来，……

说是这样说，可……

例句：

1. 这件衣服漂亮是漂亮，但不适合我。
2. 玛丽亚在中国生活了很多年，对中国的情况很熟悉。不过，话又说回来，有些地方她还是不适应。
3. 大家都劝我不要再抽烟了，对身体不好。说是这样说，可这么多年的习惯，哪儿那么容易戒掉呢？

语言点例解
Language Points

◆ ……是……

说明：多用于口语。"A 是 A"有"虽然"的意思，后面常有"可是""但是"等词。

例句：1. 这本书有意思是有意思，可是太贵了，我还是去图书馆借来看吧。

　　　2. 我和以前的同事联系是联系，可是很少有机会聚会。

近义表达：A 归 A

◆ 即使……也……

说明："即使+假设的情况，也+不变的结果/结论"表示有某种情况发生也不会改变什么。

例句：1. 即使好朋友劝他，他也不会改变主意。

2. 即使老板亲自去做，这个项目也不一定能成功。

近义表达：就是……也……（多用于口语）

◆ 虽说……，但……

说明：多用于口语。"虽说"是"虽然"的意思，后面常有"可（是）""但（是）"等词。

例句：1. 虽说天气越来越冷，但弟弟还是坚持每天晨练。

2. 虽说大家的意见不太一样，但我们已经没有时间进一步讨论了，还是由班长作决定吧。

近义表达：虽然……，但是……

一、词语扩展：将下列词语扩展成短语

Expand the following words into phrases.

口味 ①　　　　　②　　　　　③

适应 ①　　　　　②　　　　　③

尝试 ①　　　　　②　　　　　③

吸引 ①　　　　　②　　　　　③

二、用指定词语完成句子或对话

Complete the following sentences/dialogues with the words or structures given.

1. 这首歌_____，就是歌词太难懂了。（……是……）

2. _____，可是已经过时了。（……是……）

3. A：你不是说这本词典不错吗？怎么又要买新的？

　B：_____。（虽说……但……）

4. A：我们班在新年晚会上要表演汉语节目，你能参加演出吗？

　B：_____。（即使……也……）

5. A: 妈妈,对宿舍不满意的话,我可以在外面租房子住吗?
   B: _____。(即使……也……)
6. A: 据说现在加开了很多列车,火车票并不难买。
   B: _____。(说是这样说,但……)

三、根据课文内容完成对话

Make a dialogue according to the text, using the words given below.

参考词语: 即使……也…… ……是…… 烹调 适应 尝试

A: 听说你会做中国菜,是吗?
B: 没错,……
A:
B:
A:
B:
……

四、讲述: Give an account of...

中国菜的特点,比如口味、原料、烹调方式等。

五、成段表达(尽量使用本课词语功能表达)

Discourse expression. (Try to use the function and expressions of this lesson.)

你对中国菜的看法。

第十四课　我爱中国菜

跨文化对话
Cross-cultural Dialogues

功能：喜爱

……（越来越/特别）喜欢……
……别提多……了
……还不错……

老师：中国面积广大，物产多样，饮食也丰富多彩，受到很多人的喜爱。大家在中国生活，经常品尝中国菜，你们对中国饮食有些什么看法呢？

民秀：我来中国以前，只知道糖醋排骨和炸酱面。第一次来中国的时候我吃了北京烤鸭和火锅，还尝了各种各样的地方菜，从此以后，我越来越喜欢中国菜了。中国各地方的菜都不一样。比如说，四川菜辣，上海菜甜。

珍妮：来中国以前我有点儿怕中国菜，因为听说中国有很多奇怪的菜，但事实上，他们都说错了，中国菜别提多好吃了。

里卡多：中国菜很丰富，我去餐厅的时候很难决定点什么菜。我朋友的想法是只要把喜欢吃的菜的名字记下来就可以了，但我还想尝尝其他好吃的菜。中国菜美中不足就是油

多。我特别喜欢炒饭和包子。对我来说,菜单很难看懂,所以我常常让服务员介绍一下不熟悉的菜。我就是用这种方法点菜的,这样的经历使我的生活丰富多彩。

古纳尔:在中国,你不会点菜没关系,但一定要知道蔬菜的名字,如果你不知道喜欢吃的蔬菜的名字怎么说,到时候你会很麻烦。因为中国菜名里一般都有蔬菜的名字,比如,"西红柿炒鸡蛋",要是你不知道西红柿是什么东西那就很难办了。

景子:我觉得点中国菜很简单,只要记住材料的名字、烹调方法和调味料的说法,就看得懂菜单了。我们日本人在生活中常常用汉字,"炒""蒸""煮"这些汉字的意思和日语一样,但是"炸""红烧""爆"这些词的意思我们不明白,不过只要记住就没问题了。

雄柴:我对吃不太讲究,所以中国饮食对我来说没什么问题,只是觉得中国菜的味道有点儿咸,油也很多,可能因为中国大部分地方比较寒冷。另外,泰国人一般都喝冰水,可是在中国,人们更喜欢喝热的。

卡佳:还有,吃饭的时候,中国人把各种菜放到中间,大家一起吃,而在俄罗斯则自己吃自己的。

其其格:我刚来中国的时候常常吃麦当劳和肯德基。现在我在中国生活一年多了,已经习惯吃中国菜了。中国菜的味道还不错,不过我还是吃不惯太辣的菜。我喜欢吃土豆丝和青椒炒牛肉,做起来容易,又好吃。最近我学会了西红柿炒鸡蛋,做法很简单,先放油炒鸡蛋,把鸡蛋盛出后再炒西红柿,然后把鸡蛋再放进锅里,加点儿糖和盐就可以了。

老师:有一个外国朋友说,"喜欢美食的人在中国是幸福的",因为可以大饱口福。只要肯尝试,相信大家都能够找到自己喜爱的中国菜。

第十四课　我爱中国菜

实用词语
Useful Words and Expressions

1. 饮食 yǐnshí	名	food and drink	吃的和喝的
2. 糖醋 tángcù		sweet and sour	用糖和醋做主要调味料的菜,味道酸甜
3. 炸 zhá	动	fry	用较多的热油加工食物
4. 烤鸭 kǎoyā	名	roast duck	北京名菜,烤熟的鸭子切片后,与薄饼、葱丝、瓜条、甜面酱等一起食用。
5. 火锅 huǒguō	名	chaffy dish	锅里的汤保持沸腾,把肉片、蔬菜放进去,边煮边吃
6. 炒饭 chǎofàn	名	fried rice	把蔬菜、肉类等切成小丁和米饭一起用油翻炒
7. 包子 bāozi	名	steamed dumpling	半圆形,包有肉、菜等馅儿的面食
8. 菜单 càidān	名	menu	写有菜名的单子
9. 蒸 zhēng	动	steam	用蒸气使食物变熟
10. 煮 zhǔ	动	boil	把食物或其他东西放在有水的锅里烧
11. 红烧 hóngshāo	动	cooked with sauce	用酱油做主要调味料烧制
12. 爆 bào	动	stir-fry	大火快炒
13. 咸 xián	形	salty	盐的味道
14. 丝 sī	名	thin and short piece	极细的长条形状
15. 青椒炒牛肉 qīngjiāo chǎo niúròu		fried beef with green pepper	主料、配料分别为青椒和牛肉的炒菜
16. 盛 chéng	动	fill	把食物等装在容器里
17. 盐 yán	名	salt	咸味的调味品

18. 大饱口福 dàbǎo kǒufú　　enjoy blessing for cate　尽情享用美食的福气

功能与表达
Function and Expressions

功能二：喜爱

表达：
　　……(越来越/特别)喜欢……
　　……别提多……了
　　……还不错……
　　迷上……
　　被……迷住了

例句：
　　1. 我特别喜欢蓝色。
　　2. 他唱歌唱得别提多棒了。
　　3. 妈妈做菜的手艺还不错。
　　4. 我最近迷上了电子游戏。
　　5. 我被那个可爱的女孩儿迷住了。

语言点例解
Language Points

◆ 别提多……了

说明："别提多+形容词/心理动词结构+了"表示程度深，不用细说。

例句：1. 我同屋做的咖喱饭别提多好吃了。
　　　2. 这个小孩儿的英语说得别提多流利了。
　　　3. 我三年没见到妈妈了，心里别提多想她了。

第十四课　我爱中国菜

◆ ……，只是……

说明：表示轻微的转折，和"不过"意思相近。

例句：1. 坐动车组火车旅行非常舒服，又节省时间，只是有点儿贵。

　　　2. 我的电子词典方便实用，只是里面有些词有点儿过时。

◆ 然后

说明：连词。表示一件事情之后又发生另一件事。前面有时用"先"，后面有时用"再、又、还"等。

例句：1. 我决定先读硕士，然后再找工作。

　　　2. 中国人吃饭时一般先吃主食和菜，然后才喝汤。

一、词语扩展：将下列词语扩展成短语

Expand the following words into phrases.

炒 ①　　　　　②　　　　　③

煮 ①　　　　　②　　　　　③

盛 ①　　　　　②　　　　　③

二、用指定词语完成句子或对话

Complete the following sentences /dialogues with the words or structures given.

1. 新来的同学＿＿＿＿＿＿＿＿＿＿＿＿＿＿＿＿。(别提多……了)

2. A: 这门课真的像大家说的那么难吗？

　 B: 可不是，＿＿＿＿＿＿＿＿＿＿＿＿＿＿＿。(别提多……了)。

3. 我们家刚买的沙发漂亮极了，＿＿＿＿＿＿＿＿＿＿＿＿。(只是)

4. 这个商店的东西特别丰富，＿＿＿＿＿＿＿＿＿＿＿＿。(只是)

5. A: 你打算什么时候吃饭？

　 B: ＿＿＿＿＿＿＿＿＿＿＿＿＿＿＿＿＿再吃饭。(然后)

6. 张经理每天到办公室都先喝一杯咖啡，＿＿＿＿＿＿＿＿＿＿。(然后)

三、语段表达：填写并复述下列短文

Discourse expression: Fill in the blanks and retell the paragraph.

我刚来中国的时候常常吃_____。现在我在中国生活一年多了，已经_____吃中国菜了。不过我还是_____太辣的菜。我喜欢吃_____，做起来容易，又好吃。最近我学会了_____，做法很简单，先放油炒鸡蛋，把鸡蛋_____后再炒西红柿，然后把鸡蛋再放进锅里，加点儿糖和盐就可以了。

四、讲述 Give an account of...

介绍一道你的拿手菜。

五、讨论（尽量使用本课词语功能表达）

Discuss. (Try to use the function and expressions of this lesson.)

中国菜的优点和缺点及中国人的饮食习惯。

六、话题交际 Make a dialogue on the topic below.

分组对话：介绍自己国家的饮食习惯。

七、实战演练 Situational communication.

在饭馆儿的菜单上找一个你完全不明白的菜名，问服务员那是什么菜，要弄清楚是什么地方的菜以及原料和做法等。

实例分析 Case Study

（一个中国人邀请他的外国朋友来家里做客，饭菜摆满了一桌子。）

主人：今天没什么好吃的，随便吃点儿吧。

外国朋友：(奇怪，满满一桌子还没什么好吃的？)好的。

主人：(起身，热情地给客人夹菜)多吃点儿，千万别客气，就像在自己家一样。来，再喝一杯！今天一定得喝个够。

外国朋友：……

分析：中国人请客吃饭时有什么特别之处？

对策：你遇到这种情况时，如何应对？

第十五课 Lesson 15

中国家庭
Chinese Families

热身话题　Warm-up Questions

1. 现代中国家庭有什么特点？
2. 中国有哪些传统家庭观念？

功能：概括（2）

一般来说，……
总之，……
总而言之，……

　　中国人家庭观念很强，无论走到哪里都忘不了自己的家。传统的大家庭通常是四代同堂，即祖父母、父母、子女和孙子四代人生活在一起。<u>一般来说</u>，在大家庭里，家里的事情由家长来做决定，孩子没有发言权。当孩子年少时，由父母来养育，等到父母晚年的时候，子女就要照顾他们年老的父母。

　　新中国成立以后，大家庭越来越少。特别是上个世纪70年代末，中国开始实行计划生育政策，一个家庭只能生育一个孩子，现在城里的家庭主要以由夫妻两个人和子女组成的三口之家为主。<u>总之</u>，中国人的家庭发生了不小的变化。

　　中国人一直有<u>尊</u>老爱幼的传统习俗，也很重视亲情。虽然很多家庭父母子女、兄弟姐妹不生活在一起，但这并不影响彼此关照、互相来往。特别是过年过节,大家总是团聚在一起。总而言之,在中国,人们总能感受到亲情的温暖。

实用词语
Useful Words and Expressions

1. 家长 jiāzhǎng	名	housemaster	家庭中负责管理、做决定的人,有时指父母
2. 晚年 wǎnnián	名	old age	人生最后的时间
3. 尊老爱幼 zūnlǎo àiyòu		respect the seniors, adore the juniors	尊敬老人,爱护儿童
4. 习俗 xísú	名	habits and customs	风俗习惯
5. 亲情 qīnqíng	名	affection for relatives	亲人之间的感情
6. 关照 guānzhào	动	look after, help	关心,照顾
7. 来往 láiwǎng	动	visit each other	交际往来

功能与表达
Function and Expressions

功能一：概括(2)

表达：

一般来说,……

总之,……

总而言之,……

就这样,……

综上所述,……

例句：

1. 一般来说,春秋两季是旅游旺季。
2. 当时的心情很难用语言来表达,总之非常感动。
3. 有人爱唱歌,有人爱跳舞,有人爱弹琴,有人爱画画儿,总而言之,各有各的爱好。
4. 就这样,我们成为无话不谈的好朋友。
5. 综上所述,交通问题是很多原因造成的。

语言点例解
Language Points

◆ 由……(来)……

说明："由+人/组织+(来)+动词结构"说明行动的发起者。

例句：1. 这门课由我(来)给大家上。
2. 大多数家庭的饭都是由妈妈来做的。
3. 这次旅游活动是由学校组织的。

第十五课　中国家庭

◆ 即

说明:"A 即 B","也就是"的意思,多用于说明。

例句:1. "人大"即人民代表大会。

2. HSK,即"汉语水平考试",是测试汉语学习者语言能力的考试。

◆ 总之

说明:用于总结前文内容。

例句:1. ……。总之,我们必须在国庆前排练好这个节目。

2. 小王爱吃的有水果、蔬菜、豆制品等,总之,他喜欢素食。

一、词语扩展:将下列词语扩展成短语

Expand the following words into phrases.

习俗　①　　　　　　②　　　　　　③

来往　①　　　　　　②　　　　　　③

地位　①　　　　　　②　　　　　　③

关照　①　　　　　　②　　　　　　③

二、用指定词语完成句子

Complete the following sentences with the words or structures given.

1. 这个题目我比较熟悉,_____。

（由……来……）

2. A: 中国人结婚以后还和父母住在一起吗?

　B: _____。

（一般来说）

3. A: 在这所小学,学生们学外语吗?

　B: 有的_____。

（总之）

4. 很多大学都有简称，比方说，＿＿＿＿＿＿＿＿＿＿＿＿＿＿＿＿。
（即）

5. 京津地区＿＿＿＿＿＿＿＿＿＿＿＿＿＿＿＿。
（即）

三、根据课文内容完成对话

Make a dialogue according to the text, using the words given below.

参考词语：习俗　重男轻女　关照　家长　亲情　来往

A: 一般来说，中国家庭成员之间的关系比较亲密。

B: 我也这么看……

A:

B:

A:

B:

……

四、讲述 Give an account of...

计划生育政策对中国家庭有什么样的影响？

五、成段表达（尽量使用本课词语功能表达）

Discourse expression. (Try to use the function and expressions of this lesson.)

你认为年轻人应该在什么时候离开父母独立生活？说说原因。

第十五课　中国家庭

跨文化对话
Cross-cultural Dialogues

功能：无能力做

没时间也没有机会……
要A没A，要B没B，……
无法……

老师：随着社会的发展，中国传统的大家庭越来越少，家庭的生活方式和观念也发生了不小的变化。大家怎样看待这些改变呢？

伊莎贝拉：在中国留学期间，我租住在校园外的一个小区里。在我居住的小区里，住着很多"空巢老人"，他们身边没有子女，或者是老两口一起生活，或者是单身老人独自过日子。他们常常感觉寂寞、怕生病。另一方面，现代社会竞争激烈，子女们都很忙，很少有机会陪他们。所以，他们没时间也没有机会向子女传授中国好的传统习俗。城市里传统大家庭的消失改变了中国人的生活方式，这样好吗？

景子：我个人认为很难判断传统的大家庭好还是现代的小家庭好。应该说，各有利弊吧。在中国，我经常看到年轻人给老年人让座。中国一直有尊老爱幼的传统。

卡佳：我对妇女地位提高这一点比较感兴趣。妇女地位提高当然好。不过我听说中国男女退休的年龄是不一样的，男人60岁退休，女人55岁退休。看来要真正实现男女平等还有很多问题得解决。

麦克：我觉得中国传统的家庭观念非常好，重视家庭、尊重父母等都值得保留。但现代中国的家庭情况好不好就很难说了。改革开放以来，有些东西从中国家庭消失了。子女太忙，要时间没时间，要精力没精力，不仅无法照顾老人，自己的孩子还得由父母照顾。孩子们除了学习就是玩儿电子游戏。传统的家庭观念和生活方式消失了，这真是太可惜了。

敏姬：刚才大家讨论的都是中国的情况。下面我给大家介绍一下韩国的情况。韩国人的家庭观念也很强。在西方，子女到了18岁就要和父母分居，但韩国不是这样。韩国家庭和传统的中国家庭在有些方面是相同的，比如重视孝顺、和睦。这些都是很好的观念。

老师：希望大家多去中国人家里做客，如果有机会在中国人家里生活一段时间就更好了。

实用词语
Useful Words and Expressions

1. 生活方式 shēnghuó fāngshì		life style	生活的习惯、规律等
2. 看待 kàndài	动	look on	对待
3. 小区 xiǎoqū	名	living block	住宅区
4. 空巢老人 kōngcháo lǎorén		old people live without children	不和子女同住的老人
5. 寂寞 jìmò	形	lonely	感觉孤独
6. 传授 chuánshòu	动	impart	教会，告知

第十五课　中国家庭

7. 判断 pànduàn	动	judge　决定对错、好坏
8. 保留 bǎoliú	动	preserve　保持,留有
9. 改革开放 gǎigé kāifàng		the policy of reform and open to the outside world　改革政治经济制度,对外开放
10. 消失 xiāoshī	动	disappear　不见了,没有了
11. 分居 fēnjū	动	live separately　家人、尤其是夫妻不在一起居住
12. 和睦 hémù	形	harmonious　感情、关系很好

功能与表达 Function and Expressions

功能二：无能力做

表达：

没时间也没有机会……
要A没A,要B没B,……
无法……
没精力……
V + 否定性可能补语

例句：

1. 我没时间也没有机会向他解释这件事。
2. 要时间没时间,要钱没钱,只能拼命工作。
3. 时间太紧,我们无法完成这个任务。
4. 现在很多年轻人太忙,没精力照顾孩子。
5. 菜太多,我们吃不完。

语言点例解 Language Points

◆ 或者……或者……

说明：表示选择，两个里边选一个。

例句：1. 或者今天，或者明天，我要去一趟超市。

2. 或者唱歌，或者跳舞，反正你得表演一个节目。

近义表达：要么……要么……

◆ 要……没……，要……没……

说明：多用于口语。"要A没A，要B没B"，A、B是名词或名词结构。表示希望或应该有的都没有。

例句：1. 要时间没时间，要钱没钱，怎么能去海边度假呢？

2. 这个人要才能没才能；要信用没信用，怪不得老板不录用他。

◆ 不仅……，还……

说明：表示除前句的意思外，还有后句更近一层的意思。

例句：1. 小柳不仅做完了自己那部分工作，还帮助同事做了很多。

2. 北方的冬天不仅寒冷，还十分干燥，南方人很难习惯。

练习 Exercises

一、词语扩展：将下列词语扩展成短语

Expand the following words into phrases.

看待 ①　　　② 　　　③

传授 ①　　　② 　　　③

判断 ①　　　② 　　　③

保留 ①　　　② 　　　③

和睦 ①　　　② 　　　③

二、用指定词语完成句子

Complete the following sentences with the words or structures given.

1. ＿＿＿＿＿＿＿＿＿＿＿＿＿＿＿＿＿＿＿＿＿，我也不能决定到底该选哪一种。
（或者……或者……）

2. A: 你不是说最近要去美国看你妹妹吗，怎么没去呀？
   B: 别提了，＿＿＿＿＿＿＿＿＿＿＿＿＿＿＿＿＿＿＿＿＿。
（要……没……，要……没……）

3. A: 下班了，你怎么不回家吃饭？
   B: 我一个人住，＿＿＿＿＿＿＿＿＿＿＿＿＿＿＿＿＿＿＿，
   还是在外面吃算了。（要……没……，要……没……）

4. 北京的四季，我觉得最舒服的是秋天，＿＿＿＿＿＿＿＿＿＿＿。
（不仅……还……）

5. 小陈是我最好的朋友，他＿＿＿＿＿＿＿＿＿＿＿＿＿＿＿＿＿。
（不仅……还……）

6. 我不太清楚这篇文章的主题，＿＿＿＿＿＿＿＿＿＿＿＿＿＿。
（无法）

三、语段表达：填写并复述下列短文

Discourse expression: Fill in the blanks and retell the paragraph.

最近，城市里传统大家庭的消失改变了中国人的＿＿＿＿＿＿。我个人认为很难判断传统的大家庭好＿＿＿＿＿＿现代的小家庭好。应该说，＿＿＿＿＿＿吧。我觉得中国传统的＿＿＿＿＿＿非常好，重视家庭、尊重父母等都值得保留。但现代中国的家庭情况好不好就＿＿＿＿＿＿＿＿＿＿了。改革开放以来，有些东西从中国家庭＿＿＿＿＿＿了。子女太忙，＿＿＿＿＿＿＿＿＿＿＿，不仅＿＿＿＿＿＿照顾老人，自己的孩子还得由父母照顾。孩子们＿＿＿＿＿＿学习＿＿＿＿＿＿玩儿电子游戏。传统的家庭观念和生活方式消失了，这真是太＿＿＿＿＿＿了。

四、讲述 Give an account of...

"空巢老人"反映了怎样的家庭、社会状况？并说说你们国家的情况。

五、讨论（尽量使用本课词语功能表达）

Discuss. (Try to use the function and expressions of this lesson.)

传统和现代社会的家庭观念里，哪些是好的？哪些是不值得提倡的？

六、话题交际 Make a dialogue on the topic below.

分组对话：介绍你们国家的家庭情况。

七、实战演练 Situational communication.

老师做主持人，将学生分成两组进行辩论，各自提出论据并回应对方。言之成理即可得一分，以"正"字计算得分。

题目：大家庭好还是小家庭好

正方观点：大家庭好	反方观点：小家庭好
正方论据：	反方论据：
正方得分：	反方得分：

实例分析 Case Study

场景一：

妈妈：宝贝，妈给你报了一个舞蹈班。

孩子：妈妈，我不喜欢跳舞。

妈妈：傻孩子，女孩子要从小注意形体。

场景二：

爸爸：儿子，这次高考报志愿，咱们选经济专业吧。

孩子：爸爸，我对经济不感兴趣，我喜欢文学。

爸爸：我都是为了你好。文学专业哪有经济专业容易找到工作呀？

分析：你赞同上面父母的做法吗？为什么？

对策：如果你是这两个孩子，你怎么办？

第十六课 Lesson 16

和外国人交朋友
Making Friends with Foreigners

热身话题　Warm-up Questions

1. 你都有些什么样的朋友？
2. 你是怎样和外国人交朋友的呢？

课文 Text

功能：假设

要是……
如果……
……的话，就……

　　我刚来北京的时候遇到了很多困难，那时我的汉语不太好，觉得简直没有办法在中国生活。我买生活日用品时都说不出那些东西的名字。后来，通过老师的介绍，我找到了一个互相学习的朋友。我们成了语伴，我教他日语，他教我汉语。我告诉他我的困难，虽然他学习很忙，但还是给了我很大的

第十六课　和外国人交朋友

帮助。他陪我一起去买东西，教我汉语怎么说，并且跟我说，要是有困难，可以随时找他。

现在我在中国生活快一年了，交了很多外国朋友。我觉得跟不同国家的人交往的时候，最重要的是语言，因为语言是交流的工具、沟通的桥梁。交往时，大家可以提出自己的意见，同时了解对方的想法。虽然我们的习惯不一样，想法不一样，但只要有真心就行。如果朋友做了什么事你觉得不好，你尽管说出自己的想法和理由，也听听他的意见；朋友有困难的话你就帮助他，这样就很容易交到好朋友。

实用词语
Useful Words and Expressions

1.	日用品 rìyòngpǐn	名	commodity	日常生活用品
2.	语伴 yǔbàn		language partner	一起学习语言的伙伴
3.	陪 péi	动	accompany	跟某人一起做某事
4.	交往 jiāowǎng	动	contact, make friends with	与人相处、往来
5.	工具 gōngjù	名	tool	帮助人达到目的的事物
6.	桥梁 qiáoliáng	名	bridge	架在水上或空中以便人、车通行的建筑，比喻能起沟通作用的人或事物
7.	理由 lǐyóu	名	reason	事情的原因

功能与表达
Function and Expressions

功能一：假设

表达：

要是……

如果……

……的话，就……

假如……

要不是……

例句：

1. 要是你知道他的联系方式就告诉我。
2. 如果有什么需要帮忙的，请随时联系。
3. 要找语伴的话，就在校园网上发一个信息。
4. 假如办公室不同意我们去，那我们只好不去了。
5. 要不是你跟我打招呼，我都没认出来你。

语言点例解
Language Points

◆ 并且

说明：表示更进一层。连接动词、形容词、小句等。

例句：1. 本次会议讨论了下一年度的工作重点，并且宣布了新的人事安排。

2. 这部电影里的女主角美丽可爱，并且乐于助人。

◆ 快

说明：表示时间上接近，很快就要出现某种情况。句末常有"了"。

例句：1. 今天的工作已经快完成了。

2. 小李快二十了，性格还像小孩子一样。

◆ 尽管

说明：副词。表示告诉对方没有条件限制，可以放心去做。后面的动词一般不能用否定式，不能带"着、了、过"。

例句：1. 有什么需要帮忙的，尽管告诉我，我一定尽力。

2. 有什么问题尽管提出来，我们一起解决。

一、词语扩展：将下列词语扩展成短语

Expand the following words into phrases.

交往 ①　　　　②　　　　③
桥梁 ①　　　　②　　　　③
理由 ①　　　　②　　　　③

二、用指定词语完成句子或对话

Complete the following sentences/dialogues with the words or structures given.

1. A: 今天在学校都学了什么？

   B: _____。（并且）

2. 我喜欢运动是因为_____。（并且）

3. A: 请问，选修课什么时候开始？

   B: _____。（快）

4. A: 请问，现在几点了？

   B: _____。（快）

5. 在学习或生活上遇到困难_____。
（尽管）

6. 我们老师说，在课堂上_____，可以随时提出来。
（要是）

三、根据课文内容完成对话

Make a dialogue according to the text, using the words given below.

参考词语：要是　尽管　并且　陪　随时　交往　沟通

A: 听说你有一个语伴，怪不得你汉语进步这么快！
B: 是呀，……
A:
B:
A:
B:
……

四、讲述 Give an account of...

介绍一下你的语伴。如果没有的话，说说你想找一个什么样的语伴。

五、成段表达（尽量使用本课词语功能表达）

Discourse expression. (Try to use the function and expressions of this lesson.)

你如何去认识外国朋友？如何跟他们交往？

第十六课 和外国人交朋友

跨文化对话
Cross-cultural Dialogues

功能：建议

最好……
其实，……也不错
我有一个好主意

老师：在中国留学或工作，有很多机会和外国人交朋友，你们是如何和外国人交往的呢？

巴图：我来北京的第二天，在校园里，一个俄罗斯人用中文问我："你是中国人吗？"我说我是从蒙古来的。就这样，我们认识了。后来，我们常常一起玩儿。他也常常来我的房间和我聊天儿。所以和外国人交往最好多聊天儿，这样有助于互相了解。

武男：其实，一起玩儿、一起吃饭也不错。我来中国以后交了很多外国朋友，如果不来中国我没机会认识他们。我最好的一个朋友是上学期的同学，他比我大，一起吃饭的时候他常常告诉我他们国家的习惯。有一次他对我说，跟我一起喝酒很有意思，所以他的酒量越来越大。我当时开心极

了。他已经回国了，但我们一直有联系。他好像是我的哥哥一样。

萨沙：世界上有各种不同的国家，但友谊是一样的。跟外国人交朋友是一种幸福，因为可以跟他们交流不同的文化。每个国家的人都有自己的特点，比如中国人很热情。如果你有困难，中国人会尽力帮助你的。

民秀：我和外国人交朋友的办法就是一起吃饭、去酒吧。我们在吃饭的时候互相介绍自己国家的习惯，这样彼此就有了一些了解。然后，如果是男生的话去酒吧就行，因为男生喝醉后关系就会变得很好。

秀丝：我有一个好主意。刚认识的时候因为没有共同的话题，所以可以互相教对方怎样用自己的母语打招呼。这样，第二次见面就会很开心。另外，互相介绍自己国家的菜、一起做饭也是好办法。做饭的时候想知道的事情很多，不用担心没有话题。

路易：来北京学习汉语不仅能提高汉语水平，还能交到不少朋友。当然，有时候交朋友也不是简单的事。因为每个国家都有自己的习惯，我们只能慢慢适应。对我来说，跟亚洲人交往比较难，因为文化完全不一样。比如说，有时候中国朋友听不明白我开的玩笑。不过总的来说，虽然有困难，但却很有意思。

老师：生活中不能没有朋友，友谊可以超越国界。下面我们就用一首《友谊地久天长》来结束今天的话题……

第十六课　和外国人交朋友

实用词语
Useful Words and Expressions

1.	如何 rúhé	副	how	怎么
2.	酒量 jiǔliàng	名	capacity of alcohol	能喝多少酒
3.	开心 kāixīn	形	happy	高兴,心情好
4.	联系 liánxì	名	contact	彼此接触,互通消息
5.	醉 zuì	动	drunk	酒喝得太多,意识不清楚
6.	母语 mǔyǔ	名	native tongue	本国或本族语
7.	话题 huàtí	名	topic	谈论的题目
8.	超越 chāoyuè	动	exceed	超过,越过
9.	国界 guójiè	名	national boundary	国家之间的界限
10.	地久天长 dìjiǔ-tiāncháng		long-existing	形容友谊等十分长久,多用于祝愿。也作"天长地久"

功能与表达
Function and Expressions

功能二：建议

表达：

最好……

其实,……也不错

我有一个好主意

是不是可以……

还是……吧

例句：

1. 你来以前，最好提前打个电话。
2. 其实，大家在一起聊聊天儿也不错。
3. 我有一个好主意。首都博物馆免费参观，我们的语言实践课可以参观首都博物馆。
4. 今天太晚了，是不是可以改天再讨论会议主题？
5. 今天的事还是今天做完吧。

语言点例解 Language Points

◆ **彼此**

说明：那个和这个，表示双方互相。

例句：1. 不用介绍了，我们彼此很熟悉。
　　　2. 小明和他的同屋是不分彼此的好朋友。

◆ **……就行**

说明：意思是"……就可以了"。表示不难、不复杂或要求不高。

例句：1. 学开车一点儿都不难，只要对自己有信心就行。
　　　2. 在学校食堂吃饭不用带很多钱，10块就行了。

◆ **总的来说**

说明：概括说明事物特点。用于句首或主语后。

例句：1. 总的来说，我们班这次考试的成绩不错。
　　　2. 这所学校总的来说条件很好，只是校园有点儿小。

辨析："总的来说"和"总之""总而言之"

"总之""总而言之"用于总结，前面要说明具体情况；"总的来说"用于概括，不需要说明具体情况。

第十六课　和外国人交朋友

一、词语扩展：将下列词语扩展成短语

Expand the following words into phrases.

开心　①　　　　②　　　　③
话题　①　　　　②　　　　③
超越　①　　　　②　　　　③
如何　①　　　　②　　　　③
联系　①　　　　②　　　　③

二、用指定词语完成句子或对话

Complete the following sentences /dialogues with the words or structures given.

1. 我和张经理_____，是老朋友了。
（彼此）

2. A: 你觉得我的计划怎么样？
　B: _____。
（总的来说）

3. _____，今天的会议开得很成功。
（总的来说）

4. A: 你需要我怎么帮忙？
　B: _____。
（……就行）

5. A: 我们要每天打扫房间吗？
　B: 不用，_____。
（……就行）

6. A: 你能不能告诉我这道题应该怎么做？
　B: _____。
（最好）

三、语段表达：填写并复述下列短文

Discourse expression: Fill in the blanks and retell the paragraph

世界上有各种不同的文化,但友谊是一样的。跟外国人交朋友是_____,因为可以跟他们_____不同的文化。和外国人交往_____多聊天儿,这样有助于互相了解。其实,_____也不错。我来中国以后交了很多外国朋友,如果不来中国我没机会认识他们。来北京学习汉语不仅能_____,还能_____。当然,有时候交朋友也不是简单的事。因为每个国家有自己的习惯,我们只能慢慢适应。我的法国朋友跟亚洲人交往比较难,因为_____。比如说,有时候中国朋友不明白她开的玩笑。不过_____,虽然有困难,但却很有意思。

四、讲述 Give an account of...

介绍一位亲近的朋友,讲一个发生在你们之间的故事。

五、讨论（尽量使用本课词语功能表达）

Discuss. (Try to use the function and expressions of this lesson.)

什么是真正的朋友？

六、话题交际 Make a dialogue on the topic below.

分组对话:跟刚刚认识的同屋聊天儿,希望互相了解,成为朋友。

七、实战演练 Situational communication.

描述班里你最好的朋友的性格、优点、缺点等等,不要说明外貌特征,让大家猜这个人是谁。猜中的人再介绍他的朋友让大家猜。

第十六课　和外国人交朋友

实例分析 Case Study

（一个中国学生去外国朋友的宿舍。）

中国学生：唷，你空调开得太大了，小心着凉感冒。多穿点儿吧。

外国朋友：没关系，我习惯了。你喝点儿什么？

中国学生：不用了，什么也不喝。

外国朋友：（以为对方真的不想喝，于是从冰箱拿出可乐）那我自己喝了。

中国学生：你还是不要喝冰可乐了，这样对身体不好。

外国朋友：？？？……

分析：中国学生出于什么心理说这样的话？你能接受吗？

对策：你遇到这种情况时，如何应对？

功能索引

B		**K**	
比较	3	开场白	12
表达主张	13	可能	6
补充说明	11		
C		**L**	
插入语	12	列举	2
称赞	11		
		M	
F		明白	2
反对	4	**Q**	
分析原因	10	确认	7
G		**T**	
改变话题	6	推断	3
概括(1)	13		
概括(2)	15	**W**	
感叹	5	无奈	7
感叹语气	5	无能力做	15
H		**X**	
怀疑	4	询问	9
		喜爱	14
J			
假设	16	**Y**	
建议	16	引起注意	1
解释	8	语义转换	14
解说概念	9		
介绍	1	**Z**	
介绍情况	8	赞同	10

语言点索引

A
A给B起名字……	1
A归A	2

B
把A当作B	3
比起……，……更……	6
……比……还……	7
比如说	13
彼此	16
别说……,就是……也……	6
别提多……了	14
别提了	5
并且	16
……不说,还……	7
不得不	13
不管……都……	11
不好说	12
不仅……,还……	15
不然	2
不同于	9
不要说……,连……都……	1
不至于吧	5

C
除非……不然……	10
此外	11
从未	13

D
……的话,就……	2
……的是	5
等……再……	12

对于	9

R
而……则……	1

F
反而	5
反正	1
……方面	12

G
给……带来……	8

H
或者……或者……	15

J
……极了	13
即	15
即使……也……	14
简直	13
尽管	16
尽管如此	9
……就行	16

K
快	16

L
来,……	12
……来着	5
冷冰冰	3
连……带……	1

临近	8	偷偷	6
M		**W**	
没……那么……	12	为……所……	11
没有比……更……的(……)了	3	未免	2
莫非	4	无论……都……	9
		无论如何	10
N			
拿……来说,……	11	**Y**	
难怪	5	要……没……,要……没……	15
宁可	7	一是……,二是……,还有……	8
		以……为……	3
O		意识到	11
偶尔	10	尤其	7
		由……(来)……	15
Q		由于	10
期间	8	有……有……	4
		有利于	10
R		有所……	13
然后	14	有助于……	12
		原来	2
S			
……上	4	**Z**	
甚至	7	再……一点就……了	4
……是……	14	再……也不如……	6
受……的影响	9	再说	6
受不了	10	在……的同时	4
数	6	只不过……而已	2
算	1	……,只是……	14
虽说……,但……	14	只要……就……	4
随着	3	只有……才……	11
所	7	中	3
		总的来说	16
T		总之	15
特意	8	作为	9
通过……可以看出,……	8		

实用词语表

A

奥运	Àoyùn		11-1

B

拜年	bài nián		8-1
办年货	bàn niánhuò		8-1
包子	bāozi	名	14-2
保持	bǎochí	动	11-2
保留	bǎoliú	动	15-2
本科	běnkē	名	11-1
笨鸟先飞	bènniǎo-xiānfēi		13-1
彼此	bǐcǐ	代	10-1
庇护	bìhù	动	8-2
辩论	biànlùn	动	2-2
标志	biāozhì	名	13-1
表达	biǎodá	动	11-2
别扭	bièniu	形	10-1
兵役	bīngyì	名	7-2
博客	bókè	名	4-1
补贴	bǔtiē	动	7-2
不禁	bùjīn	副	4-1
不可避免	bùkě bìmiǎn		13-1
不可或缺	bùkě-huòquē		4-2
不可想象	bùkě xiǎngxiàng		13-2

C

猜	cāi	动	6-2
采取	cǎiqǔ	动	10-1
差距	chājù	名	12-2
尝试	chángshì	动	14-1
场合	chǎnghé	名	9-2
超过	chāoguò	动	7-1
超越	chāoyuè	动	16-2
潮流	cháoliú	名	9-2
炒饭	chǎofàn	名	14-2
称	chēng	动	3-2
趁	chèn	介	13-2
成交	chéngjiāo	动	3-1
成双成对	chéngshuāng chéngduì		5-2
程度	chéngdù	名	11-1
秤	chèng	名	3-2
吃苦	chī kǔ		11-1
持续	chíxù	动	13-2
充分	chōngfèn	形	1-1
充满	chōngmǎn	动	11-1
冲突	chōngtū	名	2-2
除夕	chúxī	名	8-1
穿着	chuānzhuó	名	9-1
传授	chuánshòu	动	15-2
创作	chuàngzuò	动	12-1
春联	chūnlián	名	8-1
从事	cóngshì	动	1-1

D

搭配	dāpèi	动	9-2
打交道	dǎ jiāodào		4-2
大饱口福	dàbǎo kǒufú		14-2
大开眼界	dàkāi-yǎnjiè		6-1
大有人在	dàyǒu-rénzài		7-2
代号	dàihào	名	1-1
贷学金	dàixuéjīn	名	7-2
等待	děngdài	动	2-1
地久天长	dìjiǔ-tiāncháng		16-2
地位	dìwèi	名	15-1
典型	diǎnxíng	形	1-2
盯	dīng	动	11-2

F

发言权	fāyánquán	名	6-2
反映	fǎnyìng	动	9-2
泛泛	fànfàn	副	2-2
放鞭炮	fàng biānpào		8-1
费用	fèiyòng	名	10-2
分居	fēnjū	动	15-2
风俗	fēngsú	名	1-2
风土人情	fēngtǔ rénqíng		6-2
凤	fèng	名	7-1
服饰	fúshì	名	9-1
符合	fúhé	动	7-2
福利	fúlì	名	3-2
抚养	fǔyǎng	动	7-2
负	fù	形	7-2
负担	fùdān	动	7-2
妇女	fùnǚ	名	15-1
复印	fùyìn	动	6-1

G

改革开放	gǎigé kāifàng		15-2
改良	gǎiliáng	动	9-1
概况	gàikuàng	名	7-2
概括	gàikuò	动	13-1
干脆	gāncuì	副	3-1
感动	gǎndòng	动	14-1
感恩节	Gǎn'ēn Jié		8-2
橄榄球	gǎnlǎnqiú	名	8-2
各有千秋	gèyǒu-qiānqiū		6-2
工具	gōngjù	名	16-1
弓	gōng	名	1-2
工程师	gōngchéngshī	名	12-2
沟通	gōutōng	动	10-1
故意	gùyì	副	3-1
关怀	guānhuái	名	2-2
关照	guānzhào	动	15-1
关注	guānzhù	动	7-1
归属感	guīshǔgǎn	名	4-2
规定	guīdìng	动	7-1
规模	guīmó	名	3-2
国界	guójiè	名	16-2
过程	guòchéng	名	13-2
过于	guòyú	副	9-2

H

害羞	hàixiū	动	11-2
含蓄	hánxù	形	10-1
寒暄	hánxuān	动	2-2
好奇心	hàoqíxīn	名	11-2
合体	hétǐ	形	9-1
和睦	hémù	形	15-2
话题	huàtí	名	16-2
回应	huíyìng	动	2-2
混血儿	hùnxuè'ér	名	1-2
火锅	huǒguō	名	14-2
火鸡	huǒjī	名	8-2
货币	huòbì	名	6-2

J

基本	jīběn	副	12-2
激烈	jīliè	形	7-1
吉利	jílì	形	5-1
吉祥	jíxiáng	形	5-1
即使	jíshǐ	连	14-1
急中生智	jízhōng-shēngzhì		6-1
寄托	jìtuō	动	1-2
寂寞	jìmò	形	15-2
家长	jiāzhǎng	名	15-1
甲	jiǎ	名	6-2
坚持	jiānchí	动	11-1
减肥	jiǎn féi	动	5-2
减负	jiǎnfù	动	7-1
交往	jiāowǎng	动	16-1
交易	jiāoyì	动	3-1
接触	jiēchù	动	11-2
结账	jié zhàng		10-1

实用词语表

景气	jǐngqì	形	12-2
竞争	jìngzhēng	动	7-1
酒量	jiǔliàng	名	16-2
旧日	jiùrì	名	16-2
就餐	jiùcān	动	10-1
举一反三	jǔyī-fǎnsān		5-2
聚餐	jùcān		10-2

K

开朗	kāilǎng	形	11-2
开设	kāishè	动	13-2
开心	kāixīn	形	16-2
砍价	kǎnjià		3-1
看待	kàndài	动	15-2
烤鸭	kǎoyā	名	14-2
科幻	kēhuàn	名	1-1
克服	kèfú	动	11-1
刻苦	kèkǔ	形	11-1
客套	kètào	名	2-2
空巢老人	kōngcháo lǎorén		15-2
哭笑不得	kūxiào-bùdé		5-1
夸张	kuāzhāng	形	6-1
狂欢节	Kuánghuān Jié		8-2

L

来历	láilì	名	1-2
来往	láiwǎng	动	15-1
冷淡	lěngdàn	形	2-1
愣	lèng	动	2-1
理所当然	lǐsuǒdāngrán		10-2
理由	lǐyóu	名	16-1
例外	lìwài	名	10-2
联系	liánxì	名	16-2
烈日炎炎	lièrì yányán		7-1
零钱	língqián	名	13-1
溜	liū	动	6-1
驴友	lǘyǒu		6-1

| 轮流 | lúnliú | 动 | 10-2 |
| 落榜 | luòbǎng | 动 | 5-1 |

M

马大哈	mǎdàhā	名	1-1
买单	mǎidān		10-2
满心欢喜	mǎnxīn huānxǐ		2-1
满族	Mǎnzú	名	9-1
猛	měng	副	13-2
迷	mí	动	13-2
庙会	miàohuì	名	8-1
敏感	mǐngǎn	形	5-1
名胜古迹	míngshèng gǔjì		6-2
明知故问	míngzhī gùwèn		2-1
陌生	mòshēng	形	2-2
莫非	mòfēi	副	4-1
母语	mǔyǔ	名	16-2
目标	mùbiāo	名	11-2

N

拿手	náshǒu		5-2
内涵	nèihán	名	1-1
内向	nèixiàng	形	11-2
农历	nónglì	名	8-1
农贸市场	nóngmào shìchǎng		3-2

O

| 噢 | ō | 叹 | 12-2 |
| 偶尔 | ǒu'ěr | 副 | 4-1 |

P

判断	pànduàn	动	15-2
袍服	páofú	名	9-1
陪	péi	动	16-1
佩服	pèifú	动	11-1

跨文化汉语交际教程 I

烹调	pēngtiáo	动	14-1
朴素	pǔsù	形	9-2
普遍	pǔbiàn	形	3-2
普及	pǔjí	动	4-2

Q

七上八下	qīshàng bāxià		5-1
祈祷	qídǎo	动	8-2
旗袍	qípáo	名	9-1
气喘吁吁	qìchuǎn xūxū		5-2
谦虚	qiānxū	形	5-2
签证	qiānzhèng	名	6-2
桥梁	qiáoliáng	名	16-1
亲情	qīnqíng	名	15-1
清淡	qīngdàn	形	14-1
清新	qīngxīn	形	12-2
曲线	qūxiàn	名	9-1
圈子	quānzi	名	10-2
券	quàn	名	3-2

R

热线	rèxiàn	名	5-2
人情	rénqíng	名	10-2
人情味儿	rénqíngwèir	名	3-2
人如其名	rén rú qímíng		1-2
日用品	rìyòngpǐn	名	16-1
如何	rúhé	副	16-2
入乡随俗	rùxiāng-suísú		5-2
入选	rùxuǎn	动	6-2
软弱	ruǎnruò	形	4-2
瑞典	Ruìdiǎn		12-2

S

三代同堂	sāndài tóngtáng		4-1
上瘾	shàng yǐn		4-2
设计	shèjì	名	9-1
涉及	shèjí	动	2-2
身份证	shēnfènzhèng	名	1-1
深入	shēnrù	动	11-2
神社	shénshè	名	8-2
审美	shěnměi	名	9-2
升学	shēng xué		7-1
生活方式	shēnghuó fāngshì		15-2
圣诞节	Shèngdàn Jié		8-2
失业率	shīyèlǜ	名	7-2
十全十美	shíquán-shíměi		4-2
时尚	shíshàng	形	4-2
实惠	shíhuì	形	3-2
实践	shíjiàn	动	3-2
始终	shǐzhōng	副	6-2
式样	shìyàng	名	9-1
拭目以待	shìmùyǐdài	名	7-1
适应	shìyìng	动	14-1
收获	shōuhuò	名	13-1
收入	shōurù	名	12-2
收银员	shōuyínyuán	名	13-1
手续	shǒuxù	名	6-1
首相	shǒuxiàng	名	8-1
舒适	shūshì	形	9-1
输入	shūrù	动	13-2
私立	sīlì	形	7-2
搜索	sōusuǒ	动	4-1
俗语	súyǔ	名	5-1
素	sù	形	9-2
素质	sùzhì	名	7-1
随心所欲	suíxīnsuǒyù		4-1
损害	sǔnhài	动	4-2

T

谈论	tánlùn	动	2-2
糖醋	tángcù		14-2
淘	táo	动	3-2
淘汰	táotài	动	4-1
讨价还价	tǎojià-huánjià		3-1
讨厌	tǎoyàn	动	5-2
特征	tèzhēng	名	1-1

体会	tǐhuì	动	6-1
体验	tǐyàn	动	4-2
天安门广场	Tiān'ānmén Guǎngchǎng		12-1
团聚	tuánjù	动	8-1

W

外卖	wàimài	动	5-2
外貌	wàimào	名	11-2
丸子	wánzi	名	5-2
晚年	wǎnnián	名	15-1
王府井	Wángfǔjǐng		12-1
网店	wǎngdiàn	名	3-2
望而却步	wàng'érquèbù		7-2
望子成龙	wàngzǐ-chénglóng		1-2
围绕	wéirào	动	2-2
唯一	wéiyī	形	1-1
尾号	wěihào	名	5-1
握手	wò shǒu		2-2
无人问津	wúrén wènjīn		5-1
五湖四海	wǔhú-sìhǎi		13-1
五花八门	wǔhuā-bāmén		7-1
误解	wùjiě	名	12-1

X

吸收	xīshōu	动	9-1
吸引	xīyǐn	动	14-1
息息相关	xīxī-xiāngguān		5-1
习俗	xísú	名	15-1
戏曲	xìqǔ	名	1-1
下岗	xià gǎng		12-2
下载	xiàzǎi	动	4-1
鲜艳	xiānyàn	形	9-2
现实	xiànshí	名	12-1
相关	xiāngguān	动	7-2
香槟酒	xiāngbīnjiǔ	名	8-2
享受	xiǎngshòu	动	4-1
象征	xiàngzhēng	动	8-1
消除	xiāochú	动	12-1
消费	xiāofèi	名	10-2
消失	xiāoshī	动	15-2
小区	xiǎoqū	名	15-2
孝顺	xiàoshùn	形	11-2
效率	xiàolǜ	名	4-2
协作	xiézuò	名	9-2
心理	xīnlǐ	名	8-2
新版	xīnbǎn	名	6-2
虚幻	xūhuàn	形	4-2

Y

压力	yālì	名	7-2
压岁钱	yāsuìqián	名	8-1
一举两得	yìjǔ-liǎngdé		6-2
依赖	yīlài	动	4-2
疑问	yíwèn	名	4-1
以及	yǐjí	连	2-2
裔	yì	名	1-2
意想不到	yìxiǎng búdào		12-1
音译	yīnyì	名	1-2
饮食	yǐnshí	名	14-2
印象	yìnxiàng	名	11-1
硬币	yìngbì	名	8-1
拥抱	yōngbào	动	2-2
油腻	yóunì	形	14-1
游行	yóuxíng	名	8-2
友谊	yǒuyì	名	8-2
有利有弊	yǒulì yǒubì		4-2
语伴	yǔbàn		16-1
遇见	yùjiàn	动	2-1
预言	yùyán	动	1-1
原件	yuánjiàn	名	6-1
约定俗成	yuēdìng-súchéng		10-2

Z

葬礼	zànglǐ	名	9-2
藏青色	zàngqīngsè	名	9-2

糟糕	zāogāo	形	13-1	专业	zhuānyè	名	13-2
枣	zǎo	名	8-1	滋味	zīwèi	名	2-1
赠品	zèngpǐn	名	3-2	自助	zìzhù		6-1
炸	zhá	动	14-2	总统	zǒngtǒng	名	8-1
掌握	zhǎngwò	动	13-2	祖父母	zǔfùmǔ		1-1
招聘	zhāopìn	名	9-2	罪	zuì	名	8-2
正月	zhēngyuè	名	8-1	醉	zuì	动	16-2
纸币	zhǐbì	名	6-2	尊老爱幼	zūnlǎo àiyòu		15-1
中断	zhōngduàn	动	8-2	左右	zuǒyòu	动	7-1
中山装	Zhōngshānzhuāng	名	9-1				